广东省高速公路工程施工安全标准化指南系列

Guangdong Sheng Gaosu Gonglu Gongcheng Shigong Anquan Biaozhunhua Zhinan
广东省高速公路工程施工安全标准化指南

Diyice Guanli Xingwei
第一册 管理行为

广东省交通运输厅 组织编写

人民交通出版社股份有限公司
China Communications Press Co.,Ltd.

内 容 提 要

本书共分13章,内容包括总则、安全生产责任、安全生产管理制度、安全风险评估与预控、安全生产费用管理、人员与机械设备安全管理、安全培训与文化建设、安全技术管理、安全生产检查、安全生产应急管理、生产安全事故管理、安全生产内业资料管理、评价与改进。

本书可供高速公路安全生产管理及技术人员、公路建设相关企业管理及技术人员在工作中参考。

图书在版编目(CIP)数据

广东省高速公路工程施工安全标准化指南. 第一册,管理行为 / 广东省交通运输厅组织编写. — 北京：人民交通出版社股份有限公司, 2017.3
ISBN 978-7-114-13719-8

Ⅰ.①广… Ⅱ.①广… Ⅲ.①高速公路—道路工程—工程施工—安全管理—广东—指南 Ⅳ.①U412.36-62

中国版本图书馆 CIP 数据核字(2017)第 059236 号

广东省高速公路工程施工安全标准化指南系列
书　　名：广东省高速公路工程施工安全标准化指南　第一册　管理行为
著　作　者：广东省交通运输厅
责任编辑：刘永超
出版发行：人民交通出版社股份有限公司
地　　址：(100011)北京市朝阳区安定门外外馆斜街3号
网　　址：http://www.ccpcl.com.cn
销售电话：(010)85285857
总 经 销：人民交通出版社股份有限公司发行部
经　　销：各地新华书店
印　　刷：北京市密东印刷有限公司
开　　本：880×1230　1/16
印　　张：7.75
字　　数：166千
版　　次：2017年3月　第1版
印　　次：2025年1月　第8次印刷
书　　号：ISBN 978-7-114-13719-8
定　　价：45.00元

(有印刷、装订质量问题的图书由本公司负责调换)

《广东省高速公路工程施工安全标准化指南
第一册　管理行为》

编审委员会

主 任 委 员：李　静

副主任委员：黄成造　曹晓峰

委　　　员：陈明星　付伦香　刘永忠　张家慧　王成皿　卢正宇

　　　　　　钟　华　陈振玉　张其浪　陈子健　杨红军　司永明

编写人员

主　　编：张家慧　刘　琦

编　　写：柴振超　陈楚发　覃辉鹃　黄声优　陈　新　黄乔森

　　　　　杨红军　梁雪森　陈思文　符　兵　何　斌　潘明亮

　　　　　李　键　周旭东　李　磊　王雪峰　李青峰　冯　旭

校　　对：高艳霞　房　昆　黄潜滋

序

安全生产事关人民生命财产安全,事关改革发展稳定大局,事关党和政府的形象与声誉。党的十八大以来,习近平总书记针对安全生产问题作了一系列重要论述,我们要认真学习、深刻领会,自觉运用这些重要论述指导安全生产工作,有效防范、坚决遏制重特大事故,促进我省交通运输行业安全生产形势根本好转。

为深入贯彻落实党中央、国务院《关于推进安全生产领域改革发展的意见》,进一步规范和加强我省高速公路安全生产工作,结合行业实际,我厅组织编写出版了《广东省高速公路工程施工安全标准化指南》(以下简称《指南》)。《指南》由管理行为、安全技术、班组建设三册组成,内容涵盖了高速公路施工安全的主要要素,由横向到纵向,由"中枢"至"末梢",系统地提出了适合我省高速公路工程建设管理实际特点的安全行为标准、安全技术标准、班组建设和班组施工作业标准以及其他新要求。

《指南》是对我省高速公路建设安全管理实践经验的总结与提升,是继我省推行交通建设工程施工标准化、造价标准化、设计标准化管理之后,又一新的标准化成果。《指南》的出版顺应了我省基础设施建设快速发展的需要,是贯彻落实党中央、国务院及省委、省政府关于安全生产一系列重要部署的具体行动,是我省响应和贯彻交通运输部要求,打造"品质工程",深化"平安交通"建设的重要举措。

"十三五"时期是交通运输基础设施发展、服务水平提高和转型发展的黄金时期。当前,我省正深入开展高速公路建设大会战,力争到2020年全省高速公路通车总里程达到11000公里,基本建成安全、便捷、高效、绿色的现代化综合交通运输体系。发展决不能以牺牲安全为代价,这是一条不可逾越的红线,我们要宣贯好《指南》,落实好《指南》,进一步建立健全安全生产责任体系,强化企业主体责任落实,创新安全监管手段,构建长效机制,全面提升我省交通运输行业安全生产管理水平,为交通运输事业科学发展、安全发展提供有力支撑!

广东省交通运输厅党组书记、厅长

2017年3月

前　言

安全生产是关系人民群众生命财产安全的大事,是经济社会协调健康发展的标志,是坚持"以人为本"安全理念的必然要求,是全面建设小康社会宏伟目标的重要内容。

近年来,广东省通过全面推行标准化管理,高速公路"平安工地"及安全生产标准化建设取得了较好成效,为"十二五"高速公路建设目标的顺利实现提供了坚实保障,但仍存在一些单位和人员对于安全生产的认识不到位、重视不够、落实不力以及安全教育培训流于形式、安全标准化水平不高等问题。

当前,广东省正在深入推进交通基础设施建设大会战,交通建设规模总量大,点多面广,安全生产面临巨大挑战。为认真贯彻落实"安全第一、预防为主、综合治理"的方针,采取有力措施加强安全生产管理,切实提高高速公路建设工程安全生产管理水平和实效,结合现代安全管理的新思路、新理念,广东省交通运输厅组织广东省交通集团有限公司等单位编写了《广东省高速公路工程施工安全标准化指南》(以下简称《指南》)。

《指南》以推行规范化管理、标准化施工为抓手,定位于规范参建各方安全管理行为,完善工程项目安全生产管理体系,在领域内首次提出了工程项目系统化安全管理策划、招标阶段安全风险预控、专控工序质量安全同步验收、班组规范化管理、班前危险预知等新要求,积极推广劳务用工实名制和一线工人职业化培训新方法,推行安全防护设计标准化和施工机械信息化管理,体现了广东省交通建设工程安全管理的新理念、新标准、新做法。

《指南》由管理行为、安全技术和班组建设等三册组成,内容涵盖了高速公路施工安全的主要要素,三册书由横向至纵向,由"中枢"至"末梢",纵向到底,横向到边,分别以参建各方管理人员、技术人员、班组和一线工人为重点对象,系统地提出了施工安全管理行为标准、安全技术标准、班组建设和施工作业安全标准,力求通过健全完善的安全生产管理制度,明晰和压实安全生产责任,细化作业标准,夯实基础,强化基层,促进参建各方真正把安全生产放在首要位置,全面落实"一岗双责",做到关口前移、超前预控、有效防范,持续改进、构建长效机制。本册为第一册:管理行为(以下简称《管理行为指南》)。

《管理行为指南》立足项目全员、全过程安全管理,面向基层参建单位,突出重点难点问题,明确设定了符合实际、可操作、能执行的安全生产管理行为标准,着力于构建高速公路施工安全管理体系,建立实操性好、务实高效、持续改进的运行机制,通过企业主体责任的落实来实现安全生产管理制度落地生根,从而为施工安全标准化管理提供基础支撑,发挥统领作用。

《管理行为指南》内容涵盖工程项目安全管理的12个要素，内容上既独立成章，又相互补充完善，不仅明确了管理责任主体、管理内容和标准，还规范了管理程序，力求实现相关安全法律法规在交通工程建设领域的具体化和安全管理制度建设的系统化。

《管理行为指南》由张家慧、刘琦拟定编写大纲，具体编写人员如下：总则，安全生产责任，安全生产管理制度，人员与机械设备安全管理，安全培训与文化建设7.4，安全技术管理8.1、8.6~8.7，安全生产应急管理，生产安全事故管理、评价与改进，附录1.3由刘琦编写；安全生产费用管理，安全技术管理8.2、8.3，附录1.1，附录2由柴振超编写；安全技术管理8.4、8.5，附录1.2由陈楚发编写；安全风险评估与预控，安全生产检查由刘琦、黄声优、何斌、李青峰编写；安全培训与文化建设7.1~7.3由覃辉鹃、潘明亮、李磊编写；安全生产内业资料管理，附录4由陈楚发、陈新、李键、王雪峰、冯旭编写；附录3由黄乔森、陈楚发、柴振超、周旭东编写。全书由张家慧、刘琦统稿，由高艳霞、房昆、黄潜滋校对。

《管理行为指南》适用于广东省新建、改扩建高速公路工程施工安全管理，大修和其他工程可参照执行。对于本指南中未涵盖的内容，应依据现有法律、法规和行业标准执行。

由于编写时间仓促，难免存在不足之处，请各单位在执行过程中，将发现的问题和意见函告广东省交通运输厅基建管理处或省交通集团安监部。省交通运输厅地址：广州市白云路27号，邮政编码：510101；省交通集团地址：广州市天河区珠江新城珠江东路32号利通广场59楼，邮政编码：510623。

编 者

2017年3月

目 录

1 总则 ·· 1
　1.1 编写目的 ··· 1
　1.2 编写依据 ··· 1
　1.3 适用范围 ··· 1
2 安全生产责任 ··· 2
　2.1 一般规定 ··· 2
　2.2 安全生产目标 ·· 2
　2.3 安全生产管理策划 ·· 2
　2.4 安全生产组织机构 ·· 3
　2.5 安全生产责任 ·· 4
　2.6 安全生产管理机构 ·· 8
　2.7 安全生产责任考核 ·· 9
3 安全生产管理制度 ·· 10
　3.1 一般规定 ·· 10
　3.2 建设单位安全生产管理制度 ··· 10
　3.3 监理单位安全生产管理制度 ··· 11
　3.4 施工单位安全生产管理制度 ··· 12
　3.5 安全生产管理制度编制要求 ··· 14
　3.6 安全生产管理制度实施要求 ··· 14
4 安全风险评估与预控 ·· 15
　4.1 一般规定 ·· 15
　4.2 工可、设计阶段 ·· 15
　4.3 招标阶段 ·· 16
　4.4 施工准备阶段 ·· 16
　4.5 施工阶段 ·· 17
5 安全生产费用管理 ·· 19
　5.1 一般规定 ·· 19
　5.2 安全生产费用提取 ·· 19
　5.3 安全生产费用使用范围 ·· 19

5.4　安全生产费用使用管理 ………………………………………… 20
5.5　安全生产费用计量支付 ………………………………………… 21

6 人员与机械设备安全管理 …………………………………………… 23
6.1　一般规定 …………………………………………………………… 23
6.2　施工现场人员标识 ………………………………………………… 23
6.3　施工作业人员管理 ………………………………………………… 23
6.4　特种作业人员管理 ………………………………………………… 24
6.5　一般机械设备管理 ………………………………………………… 24
6.6　特种设备管理 ……………………………………………………… 25

7 安全培训与文化建设 ………………………………………………… 26
7.1　一般规定 …………………………………………………………… 26
7.2　安全教育培训对象与要求 ………………………………………… 27
7.3　教育培训要求 ……………………………………………………… 31
7.4　安全文化建设 ……………………………………………………… 31

8 安全技术管理 ………………………………………………………… 32
8.1　一般规定 …………………………………………………………… 32
8.2　施工组织设计中的安全技术措施 ………………………………… 32
8.3　危险性较大工程专项施工方案 …………………………………… 32
8.4　监理计划、安全监理细则 ………………………………………… 36
8.5　专控工序安全验收 ………………………………………………… 37
8.6　安全技术交底 ……………………………………………………… 39
8.7　安全科技与信息化应用 …………………………………………… 40

9 安全生产检查 ………………………………………………………… 41
9.1　一般规定 …………………………………………………………… 41
9.2　安全生产检查内容 ………………………………………………… 41
9.3　安全生产检查方法 ………………………………………………… 41
9.4　安全生产检查类型 ………………………………………………… 41
9.5　安全生产检查频率及组织要求 …………………………………… 45
9.6　安全生产检查（事故隐患）整改程序 …………………………… 45
9.7　重大事故隐患管理 ………………………………………………… 47
9.8　安全生产检查结果应用 …………………………………………… 52

10 安全生产应急管理 ………………………………………………… 53
10.1　一般规定 ………………………………………………………… 53

10.2	应急预案	53
10.3	应急演练	54

11 生产安全事故管理 ································· 55
    11.1 生产安全事故等级 ··································· 55
    11.2 生产安全事故报告 ··································· 55

12 安全生产内业资料管理 ··································· 57
    12.1 一般规定 ··· 57
    12.2 归档范围及要求 ····································· 57

13 评价与改进 ·· 63
    13.1 一般规定 ··· 63
    13.2 评价 ··· 63
    13.3 奖惩 ··· 63
    13.4 改进 ··· 64

附录 1 安全生产职责分解指引 ·························· 65
附录 2 安全生产费用清单 ································· 82
附录 3 专控工序验收表 ····································· 95
附录 4 内业资料归档用表 ································· 107

1 总则

1.1 编写目的

为推进高速公路工程施工安全标准化建设,规范施工安全管理,预防和减少生产安全事故,编制本指南。

1.2 编写依据

本指南依据国务院《建设工程安全生产管理条例》、交通运输部《公路水运工程安全生产监督管理办法》,以及国家、交通运输部等行业主管部门发布的施工安全相关文件和标准规范等编制。

1.3 适用范围

本指南适用于广东省新建、改(扩)建高速公路工程施工安全管理,大修和其他工程可参照执行。

2 安全生产责任

2.1 一般规定

2.1.1 工程项目安全生产工作必须坚持"管业务必须管安全""管生产必须管安全""谁主管谁负责"的原则,坚持"预防为主、关口前移、超前预控、动态管理、持续改进"的原则,坚持"全员参与、全面覆盖、全过程管理"的原则。

2.1.2 工程项目可成立由建设单位牵头,监理、施工等单位负责人共同参与的工程项目安全生产委员会,规范、指导、协调工程参建单位的安全生产行为。

2.1.3 建设、监理、施工单位应制定安全生产目标,开展安全生产管理策划,并以文件形式发布。

2.1.4 建设、监理、施工单位应分别成立安全生产领导小组,设置安全生产管理机构,明确其成员及职责,并以文件形式发布。

2.1.5 建设、监理、施工单位应建立安全生产责任制度,明确各部门(岗位)安全生产职责、考核标准等内容,并按年度进行考核,实施奖惩。

2.2 安全生产目标

2.2.1 建设、监理、施工单位均应制定安全生产目标。安全生产目标应包括事故类、管理类两类指标。

(1)事故类指标:事故起数、死亡(人数)率、亿元投资事故率、亿元投资死亡率、事故直接经济损失等;鼓励设定工程项目"零伤亡"目标。

(2)管理类指标:"平安工地"示范项目、平安工程、品质工程、安全生产科技创新奖项等。

2.2.2 建设单位应制定并在招标文件及施工合同中载明工程项目安全生产目标。监理、施工单位应根据工程项目安全生产目标制定本单位安全生产目标。

2.2.3 工程项目开工前,建设、监理、施工单位应以文件形式发布工程项目(合同段)安全生产目标。

2.3 安全生产管理策划

2.3.1 建设单位项目负责人应在监理、施工单位进场前根据工程项目安全生产目标主持编制工程项目安全生产管理策划方案。

工程项目安全生产管理策划方案是工程项目开展安全生产工作的指导性文件,主要内容应包括工程概况、工程项目安全生产目标、工程项目主要安全风险分析、工程项目安全生产工作的设想与安排等。建设单位编制的策划方案应以文件形式报上一级主管单位批准,同意后印发监理、施工单位执行。

2.3.2 监理单位总监理工程师应根据工程项目安全生产管理策划方案和有关文件,明确监理计划中的安全监理内容(见8.4.2),以文件形式报建设单位批准。

2.3.3 施工单位项目经理应根据工程项目安全生产管理策划方案,细化施工组织设计中的安全技术措施,在开工前组织编制合同段安全生产管理策划方案。方案应包括工程概况、工程安全生产目标、工程安全风险分析、工程安全管理工作计划、工程安全技术控制要点等。方案应以文件形式报监理单位审查,批复后抄送建设单位。

2.3.4 建设、监理、施工单位应根据工程项目安全生产目标和安全生产管理策划方案,制订年度安全生产工作计划和相关的专项工作方案,并按年度对本单位各部门安全生产管理工作完成情况进行考核,实施奖惩。

2.4 安全生产组织机构

2.4.1 工程项目安全生产委员会

(1)工程项目安全生产委员会主任由建设单位项目负责人担任,副主任由建设单位分管安全生产的负责人和总工程师、监理单位总监理工程师担任,成员由各参建单位分管安全生产的负责人组成。安全生产委员会下设办公室,办公室主任由建设单位分管安全生产的负责人兼任。

(2)工程项目安全生产委员会一般在开工前成立,由建设单位以文件形式发布。

2.4.2 建设单位安全生产组织机构

(1)建设单位应成立安全生产委员会,主任由建设单位项目负责人担任;副主任由分管安全生产的负责人和其他分管负责人担任。

(2)安全生产委员会下设办公室,办公室主任由分管安全生产的负责人担任,副主任由安全管理、工程技术部门负责人担任,成员由其他部门负责人及各部门专、兼职安全生产管理人员组成。

(3)建设单位安全生产委员会应在开工前成立,以文件形式发布。

(4)建设单位安全生产委员会主任或副主任发生变更时,应以文件形式及时调整。

2.4.3 监理单位安全生产组织机构

(1)监理单位应成立安全生产领导小组,组长由总监理工程师担任,副组长由分管安全生产的副总监理工程师(总监代表)和其他分管负责人担任。

（2）安全生产领导小组下设办公室，办公室主任由分管安全生产的副总监理工程师（总监代表）担任，成员由各部门负责人、总监办安全监理工程师、驻地监理工程师、总监办各专业监理工程师组成。

（3）监理单位安全生产领导小组应在开工前成立，以文件形式发布，并报建设单位备案。备案时应提交机构成员的基本信息表，包括但不限于姓名、单位、职务、职称、联系电话、所承担的安全生产责任等。

（4）监理单位安全生产领导小组组长或副组长发生变更时，应以文件形式及时调整，并报建设单位审查。

2.4.4 施工单位安全生产组织机构

（1）施工单位应成立安全生产领导小组，组长由项目经理担任，副组长由分管安全生产副经理、总工程师担任，成员由分管其他业务副经理组成。

（2）安全生产领导小组下设办公室，办公室主任由分管安全生产的副经理担任，副主任由安全管理、工程技术、设备物资部门负责人担任，成员由其他部门负责人及各部门专兼职安全生产管理人员组成。

（3）施工单位安全生产领导小组应在开工前成立，以文件形式发布，并报监理单位审查，审查时应提交机构成员的基本信息表，包括但不限于姓名、单位、职务、职称、联系电话、所承担的安全生产责任等，批复后抄送建设单位。

（4）施工单位安全生产领导小组组长或副组长发生变更时，应以文件形式及时调整，并报监理单位审查，批复后抄送建设单位。

2.5 安全生产责任

2.5.1 建设单位安全生产责任

（1）建设单位应依法开展工程项目开工前安全生产条件核查，按规定组织总体风险评估和安全生产检查，推进工程项目安全生产标准化建设，按照合同约定督促参建单位落实安全生产责任。

（2）建设单位应向施工单位提供施工现场及毗邻区域内供水、排水、供电、供热、通信、广播电视等地下管线资料，气象和水文观测资料以及相邻建筑物和构筑物、地下工程等有关资料。

（3）建设单位不得对勘察、设计、监理、施工、设备租赁、材料供应、试验检测、安全服务等单位提出不符合安全生产法律、法规和工程建设强制性标准规定的要求，不得违反或者擅自简化基本建设程序，不得随意压缩合同约定的工期。

（4）建设单位在编制工程概算时，应确定建设工程安全作业环境及安全施工措施所需费用。

（5）建设单位不得明示或暗示施工单位购买、租赁、使用不符合安全施工要求的安全防护用具、机械设备、施工机具及配件、消防设施和器材。

（6）建设单位应依法将工程项目发包给具有相应资质等级的单位；工程项目施工招标文件及施工合同中应载明工程项目安全管理目标、各自的安全生产责任、安全生产条件、安全生产标准等要求。

（7）建设单位在办理施工许可证或申领施工许可证时，应提供工程项目有关安全施工措施的相关资料。

（8）建设单位应开展工程项目安全生产检查，督促施工单位落实施工合同中约定的安全生产标准和条件，按规定开展"平安工地"建设评价工作。

（9）建设单位应与施工单位签订安全生产合同，并在合同中约定各自的安全生产管理责任。

（10）建设单位项目负责人应与各分管负责人、总工程师按年度签订安全生产责任书；各分管负责人、总工程师应与所分管部门负责人签订安全生产责任书；各部门负责人应与各岗位员工签订安全生产责任书。安全生产责任书应载明责任部门（岗位）的安全生产目标、安全生产职责、奖罚等内容。建设单位应按年度开展安全生产责任制考核，实施奖惩。

2.5.2 勘察、设计单位安全生产责任

（1）勘察单位应按照法律、法规、规章、工程建设强制性标准和合同文件进行实地勘察，针对不良地质、特殊性岩土、有毒有害气体等不良环境或者其他可能引发工程生产安全事故的情形，还应加以说明并提出防治建议。

（2）勘察单位提交的勘察文件必须真实、准确，满足工程安全生产的需要；勘察单位及勘察人员对其勘察结论负责。

（3）勘察单位在勘察作业时，应严格执行操作规程，采取措施保证各类管线、设施和周边建筑物、构筑物的安全。

（4）设计单位应按照法律、法规、规章、工程建设强制性标准和合同文件进行设计，防止因设计不合理导致生产安全事故发生。

（5）设计单位应考虑施工安全操作和防护的需要，对涉及施工安全的重点部位和环节在设计文件中加以注明，并提出指导意见；依据设计风险评估结论，对存在极高安全风险等级的工程部位还应增加专项设计，并组织专家论证。

（6）针对采用新结构、新工艺、新材料的工程和特殊结构工程，设计单位应在设计文件中提出保障施工作业人员安全和预防生产安全事故的措施和建议。

（7）设计单位和设计人员应对其设计负责，按合同要求做好安全技术交底和现场服务。

2.5.3 监理单位安全生产责任

（1）监理单位应按照法律、法规、规章、工程建设强制标准和合同文件进行监理，对工程安全生产承担监理责任。

(2)监理单位应编制监理计划和安全监理细则,明确监理人员的岗位职责、监理内容和方法等。对危险性较大工程应加强巡视检查。

(3)监理单位应审查施工组织设计中的安全技术措施或专项施工方案是否符合工程建设强制性标准,同时审查应急预案、桥梁和隧道等施工安全风险评估报告。危险性较大工程专项施工方案中需专家论证、审查的,监理单位还应检查施工单位组织专家论证、审查的情况。

(4)监理单位应检查施工单位安全生产责任制、安全生产规章制度的建立和落实情况,以及重大危险源安全管理和生产安全事故隐患排查治理情况;还应核查施工单位项目经理、专职安全生产管理人员和特种作业人员的资质证书,以及施工机械设备和设施的安全许可验收手续。

(5)监理单位应检查施工单位危险性较大工程专项施工方案的实施情况,发现未按专项施工方案实施时,应签发监理指令单,要求施工单位整改。

(6)监理单位在实施监理过程中,发现存在事故隐患的,应要求施工单位整改,情节严重的,应要求施工单位停止施工,并及时报告建设单位。施工单位拒不整改或不停止施工的,监理单位应及时向有关监管部门报告。

(7)监理单位应填写安全监理日志和填报监理月报,并由专人负责建立安全监理台账,及时记录安全专项检查和巡查情况、旁站中涉及的施工安全管理情况、存在的安全生产问题、监理指令及施工单位整改情况等。

(8)监理单位总监理工程师应与各分管负责人按年度签订安全生产责任书;各分管负责人应与所分管部门负责人签订安全生产责任书;各部门负责人、驻地监理工程师应与各岗位员工签订安全生产责任书。安全生产责任书应载明责任部门(岗位)的安全生产目标、安全生产职责、奖罚等内容。监理单位应按年度开展安全生产责任制考核,实施奖惩。

2.5.4 施工单位安全生产责任

(1)施工单位应按照法律、法规、规章、工程建设强制性标准和合同文件组织施工,保障项目施工安全生产条件,对施工现场的安全生产负主体责任。项目经理依法对项目施工安全全面负责。

(2)施工单位应设置独立的安全生产管理机构,配备专职安全生产管理人员。

(3)施工单位对列入工程概算的安全生产费用,应用于施工安全防护用具及设施的采购和更新、安全施工措施的落实、安全生产条件的改善,不得挪作他用。

(4)施工单位应根据安全风险辨识、评估结果确定不同风险等级的安全管理要求,合理布设施工作业区;在风险较高的区域应设置警戒区和风险告知牌。

(5)施工单位应在施工现场出入口或者沿线各交叉口、起重机械施工区域、拌和场、临时用电设施、爆破物及有害危险气体和液体存放处等场所,以及孔洞口、隧道口、基坑边沿、脚手架边沿、码头边沿、桥梁边沿等危险部位,设置明显的符合国家标准的安全警示标志及必要的安全防护设施。

（6）施工单位应根据不同施工阶段、周围环境及季节、气候的变化,在施工现场采取相应的施工安全保障措施。施工现场暂时停止施工的,施工单位应做好现场防护。

（7）施工单位对因建设工程施工可能造成损害的毗邻建筑物、构筑物和地下管线等,应采取专项防护措施。

（8）施工单位采购、租赁的安全防护用具、机械设备、施工机具及配件,应具有生产(制造)许可证、产品合格证,并在进入施工现场前进行查验。

施工现场的安全防护用具、机械设备、施工机具及配件必须由专人管理,定期检查、维修和保养,建立相应的资料档案,并按照国家有关规定及时报废。

（9）施工单位在使用特种设备时应取得特种设备使用登记证,建立特种设备安全技术档案,登记标志应置于该特种设备的显著位置。

（10）施工单位应在翻模、滑(爬)模等自升式架设设施、自行设计、组装或改装的施工挂(吊)篮、移动模架等设施投入使用前,组织有关单位验收,或委托具有资质的检验检测机构进行验收,验收合格、经试运行后方可使用。

（11）施工单位应建立消防安全责任制度,明确消防安全责任人,制定用火、用电、使用易燃易爆材料等各项消防安全管理制度和操作规程,设置消防通道、消防水源,并配备相应的消防设施和灭火器材。

（12）施工单位与从业人员签订的劳动合同,应载明有关保障从业人员劳动安全、防治职业危害等事项,书面告知危险岗位的操作规程。施工单位应向作业人员提供符合标准且必需的劳动防护用品,并监督、教育从业人员按规则佩戴、使用。

（13）施工单位应建立安全教育培训制度,对管理人员和作业人员进行安全教育培训。未经教育培训或考核不合格的人员不得上岗作业。

（14）施工单位的垂直运输机械作业人员、施工船舶作业人员、爆破作业人员、安装拆卸工、起重信号工、电工、焊工等国家规定的特种作业人员,必须按照国家规定经过专门的安全作业培训,并取得特种作业操作资格证书后,方可上岗作业。

（15）施工单位应在施工组织设计中编制安全技术措施和施工现场临时用电方案,对危险性较大工程应编制专项施工方案,并附具安全验算结果,经施工企业技术负责人、监理工程师审查同意签字后实施,由专职安全生产管理人员进行现场监督。

（16）各项工程施工前,施工单位应将有关安全施工的技术要求向施工作业班组、作业人员做出详细说明并由双方签字确认。

（17）施工单位应按规定开展事故隐患排查治理,建立全员参与的工作机制,完善隐患排查登记、治理销号等全过程记录,未完成治理的事故隐患应向从业人员通报,重大事故隐患还应按规定上报和挂牌治理。

（18）项目实施总承包的,总承包单位对施工现场安全生产负总责。总承包单位依法将建设工程分包给其他单位的,应在分包合同中明确各自的安全生产权利义务,总承包单位对分包工程的安全生产承担连带责任。

（19）施工单位应为全部施工作业人员投保安全生产责任保险和人身意外伤害保险。

（20）施工单位应针对本项目特点制订生产安全事故应急预案、现场处置方案，定期组织演练。发生事故时，施工单位应立即启动应急预案，采取措施减少人员伤亡和事故损失，并按有关规定及时、如实地向建设单位、监理单位和事故发生地县级以上人民政府安全生产监督管理部门和负有安全生产监督管理职责的有关部门报告。

（21）施工单位应与专业分包单位、劳务合作单位签订安全生产合同，并在合同中约定各自的安全生产职责。各专业分包单位、劳务合作单位应与全部作业人员签订安全生产承诺书。

（22）施工单位项目经理应按年度与项目副经理、总工程师签订安全生产责任书；项目副经理、总工程师应与所分管部门负责人签订安全生产责任书；各部门负责人应与各岗位员工签订安全生产责任书。安全生产责任书应载明责任部门（岗位）的安全生产目标、安全生产职责、奖罚等内容。施工单位应按年度开展安全生产责任制考核，实施奖惩。

2.6 安全生产管理机构

2.6.1 建设单位

（1）建设单位应设置独立的安全生产管理机构。

（2）建设单位安全生产管理机构应按以下标准配备专职安全生产管理人员：

①工程项目的建安投资在30亿元及以下时，应配备不少于2名专职安全生产管理人员；建安投资超过30亿元时，每增加20亿元应增配1人。

②采用新技术、新工艺、新材料或风险因素多、施工难度大的工程项目，应根据实际情况，在前款规定的配备标准上予以增加（如大型桥梁及海上工程等项目）。

（3）建设单位安全生产管理机构和专职安全生产管理人员应在招标前配备到位。工程项目筹建阶段应配备1名专职安全生产管理人员，负责前期工作。

（4）建设单位的专职安全生产管理人员中应有一定比例的安全、路桥、隧道、机械、化工、地质等专业人员。

（5）建设单位项目负责人一般应持有广东省生产经营单位主要负责人安全培训合格证书，专职安全生产管理人员一般应持有广东省生产经营单位安全管理人员安全培训合格证书或安全工程师资格证书。

2.6.2 监理单位

（1）监理单位应明确有关职能部门负责安全生产管理工作。总监办至少应配备1名持证的专职安全监理工程师，驻地办至少应配备1名持证的专职安全监理工程师。监理范围内施工合同总额在30亿元及以上时，监理单位应设置独立的安全生产管理机构，总监办至少应配备2名持证的专职安全监理人员，其中专职安全监理工程师不少于1人。

（2）安全监理工程师应持（专业）监理工程师证或安全工程师资格证书，安全监理员应持安全生产培训证书，人员配备应满足监理合同规定的安全生产管理工作要求。

(3)监理单位安全监理工程师、安全监理员应在进场前配备到位,以文件形式报建设单位审查。审查时应提交人员基本信息表(包括但不限于姓名、年龄、职务、职称、学历、学位、安全资格证书号)及相关证书的原件和复印件。

2.6.3 施工单位

(1)施工单位必须设置独立的安全生产管理机构,配备专职安全生产管理人员。

(2)施工单位应按以下标准配备专职安全生产管理人员:

①项目部及专业分包单位:年产值计划在5000万元及以下时,应配备不少于2名专职安全生产管理人员,年产值计划超过5000万元时,每增加5000万元应增配1人。专职安全生产管理人员中安全、路桥、隧道、机械、化工、地质、机电等专业人员比例不少于80%。

②劳务合作单位:施工作业人员在30人及以下时,应配备1名兼职安全生产管理人员;施工作业人员在31~50人时,应配备1名专职安全生产管理人员;施工作业人员在51~200人时,应配备2名专职安全生产管理人员;施工作业人员在201人及以上时,每增加100人,应增加1名专职安全生产管理人员,并根据所承担工程的施工危险程度予以增加。

③班组:班组应配备兼职安全协管员。

(3)施工单位(含专业分包单位)项目经理、项目副经理、项目总工程师和专职安全生产管理人员应持有公路水运工程施工企业安全生产"三类人员"安全生产考核合格证书(各人员对应持B/C证)或安全工程师证书。劳务合作单位专职安全生产管理人员应按规定接受教育培训,进场前由施工单位考核,合格后报监理单位审查。

(4)施工单位(含专业分包、劳务合作单位)专职安全生产管理人员应在进场前配备到位,以文件形式报监理单位审查。审查时应提交人员基本信息表(包括但不限于姓名、年龄、职务、职称、学历、学位、安全资格证书号)及相关证书的原件和复印件。监理单位应对施工单位专职安全生产管理人员资格进行审查,必要时可进行现场核查,未经审查、审查未通过或现场核查不一致的人员不得进场。

(5)施工单位应建立专职安全生产管理人员台账,并根据人员变动情况及时更新台账。

2.7 安全生产责任考核

2.7.1 建设、监理、施工单位应建立全员安全生产责任制,安全生产责任制应涵盖全体从业人员和全部生产经营活动,应明确各岗位责任人员、安全职责和考核标准等内容。

建设、监理、施工单位部分岗位安全生产职责分解指引见附录1。

2.7.2 建设、监理、施工单位全体从业人员应熟知自身安全生产职责。

2.7.3 建设、监理、施工单位安全生产领导小组应根据安全生产责任制和年度安全生产工作计划,按年度对本单位各部门(岗位)安全生产责任制的落实情况进行监督考核,并实施奖惩。

2.7.4 安全生产责任考核结果应在本单位公示,并向从业人员通报。

3 安全生产管理制度

3.1 一般规定

3.1.1 建设、监理、施工单位应在开工前识别适用的安全生产法律、行政法规、部门规章、地方法规、地方规章和相关标准、规范性文件,并建立清单,每半年更新一次。

3.1.2 建设、监理、施工单位应制定安全生产管理制度,以文件形式印发。

3.2 建设单位安全生产管理制度

3.2.1 建设单位应在招标前制定工程项目安全生产管理制度,印发建设单位各部门。包括但不限于以下制度:全员安全生产责任制及考核奖惩制度,安全生产会议制度,安全生产机构设置与人员配备制度,安全风险辨识、评估与分级管控制度,安全生产费用管理制度,安全生产教育培训制度,安全生产检查制度,生产安全事故隐患督促整改制度,生产安全事故管理制度,安全生产内业资料管理制度,"平安工地"建设评价制度。表3-1 所示为建设单位安全生产管理制度主要内容。

建设单位安全生产管理制度主要内容　　表3-1

序号	制　度	主　要　内　容
1	全员安全生产责任制及考核奖惩制度	应明确全员安全生产责任、考核标准、考核实施及奖惩等内容
2	安全生产会议制度	应明确会议频次、内容、参会人员、会议决定事项跟踪等内容
3	安全生产机构设置与人员配备制度	应明确机构设置、人员配备标准、人员资质要求等内容
4	安全风险辨识、评估与分级管控制度	应明确风险(危险)源辨识与评估、管理与控制、风险告知、重大危险源管理等内容
5	安全生产费用管理制度	应明确费用提取、使用范围、计量支付方式、审批流程、使用监督、变更、台账记录等内容
6	安全生产教育培训制度	应明确教育培训的职责分工,培训对象、内容、学时、频次、效果评价、台账记录等内容
7	安全生产检查制度	应明确检查的类别、方式、内容、频次、整改流程、结果应用等内容
8	生产安全事故隐患督促整改制度	应明确隐患督促整改的职责分工、管理流程等内容

3 安全生产管理制度

续上表

序号	制度	主要内容
9	生产安全事故管理制度	应明确事故的报告、应急救援、统计分析、内部调查和责任追究等内容
10	安全生产内业资料管理制度	应明确内业资料的归档类别、归档内容、归档责任部门等内容
11	"平安工地"建设评价管理制度	应明确"平安工地"建设评价（含开工前安全生产条件核查）的职责分工、实施步骤、评价标准、结果运用、台账记录等内容

3.2.2 建设单位应在招标前制订工程项目施工安全标准。标准应明确建设、监理、施工单位安全生产管理工作内容、程序、标准、要求和安全技术相关要求等。标准应印发建设单位各部门，并作为招标文件和施工合同的附件。

标准应包括但不限于以下内容：建设、监理、施工单位安全生产条件、安全生产责任、安全生产机构设置与人员配备、安全生产会议、安全风险辨识评估与分级管控、安全生产费用管理、人员与设备管理、安全生产教育培训、安全生产技术管理、安全生产检查、生产安全事故隐患排查治理、生产安全事故管理、安全生产应急预案编制、安全生产内业资料管理、"平安工地"建设评价、安全生产奖惩、施工安全防护和安全技术要点等。

3.3 监理单位安全生产管理制度

监理单位应依据建设单位制订的工程项目施工安全标准，在施工单位进场前制订安全监理制度，印发监理单位各部门及各驻地办、监理合同段，并以文件形式报建设单位审查。包括但不限于以下制度：全员安全生产责任制及考核奖惩制度，安全生产会议制度，安全生产费用审查制度，特种作业人员、特种设备核查监督制度，安全生产培训教育制度，危险性较大工程监理制度，安全生产检查制度，生产安全事故隐患督促整改制度，生产安全事故报告制度，安全生产内业资料管理制度，"平安工地"建设评价制度。制度应明确本单位各阶段安全监理的内容、程序与职责分工等。表3-2所示为监理单位安全生产管理制度的主要内容。

监理单位安全生产管理制度的主要内容　　　　表3-2

序号	制度名称	主要内容
1	全员安全生产责任制及考核奖惩制度	应明确全员安全生产责任、考核标准、考核实施及奖惩等内容
2	安全生产会议制度	应明确会议频次、内容、参会人员、会议决定事项跟踪等内容
3	安全生产费用审查制度	应明确费用计量审查的职责分工、审查程序、审查要求、台账记录等内容
4	特种作业人员、特种设备核查监督制度	应明确施工单位特种作业人员、特种设备进场报审（验）流程和资料清单、核查程序、日常监督等内容
5	安全生产教育培训制度	应明确教育培训的职责分工、培训对象、内容、学时、频次、效果评价、台账记录等内容

续上表

序号	制度名称	主要内容
6	危险性较大工程监理制度	应明确危险性较大工程监理的职责分工、方案审查程序、方案实施过程监督、台账记录等内容
7	安全生产检查制度	应明确检查的类别、方式、内容、频次、整改流程、结果应用等内容
8	生产安全事故隐患督促整改制度	应明确隐患督促整改的职责分工、管理流程等内容
9	生产安全事故报告制度	应明确事故报告的职责分工、报送程序、时限等内容
10	安全生产内业资料管理制度	应明确内业资料的归档类别、归档内容、归档部门等内容
11	"平安工地"建设评价制度	应明确对施工单位开展安全生产条件核查和"平安工地"建设评价的职责分工、核查（复核）程序、核查（复核）标准、复核结果报送、台账记录等内容

3.4 施工单位安全生产管理制度

施工单位应依据建设单位工程项目施工安全标准，在开工前制订本合同段安全生产管理制度，印发施工单位各部门、专业分包单位和劳务合作单位，并以文件形式报监理单位审查，同意后报建设单位备案。包括但不限于以下制度：全员安全生产责任制及考核奖惩制度，安全生产会议制度，安全风险辨识、评估与分级管控制度，安全生产费用管理制度，劳动用工实名登记制度，劳动防护用品配备和管理制度，特种作业人员管理制度，施工机械设备安全管理制度，施工单位项目主要负责人带班制度，安全生产教育培训管理制度，"平安班组"建设制度，施工安全技术交底制度，危险性较大工程管理制度，生产安全事故隐患排查治理制度，安全生产检查制度，生产安全事故管理制度，安全生产内业资料管理制度，施工现场消防安全责任制度，危险品管理制度，施工作业操作规程，专业分包（劳务合作）单位安全管理考评制度，"平安工地"建设评价制度，安全生产奖惩制度。表3-3所示为施工单位安全生产管理制度主要内容。

施工单位安全生产管理制度主要内容　　　　表3-3

序号	制度名称	主要内容
1	全员安全生产责任制及考核奖惩制度	应明确全员安全生产责任、考核标准、考核实施及奖惩等内容
2	安全生产会议制度	应明确会议频次、内容、参会人员、会议决定事项跟踪等内容
3	安全风险辨识、评估与分级管控制度	应明确风险（危险）源辨识与评估、管理与控制、风险告知、重大危险源管理等内容
4	安全生产费用管理制度	应明确费用计划（清单）编制、费用支取申报程序、台账记录等内容

续上表

序号	制度名称	主要内容
5	劳动用工实名登记制度	应明确用工登记编码规则、登记信息、登记程序、信息化和动态管理要求等内容
6	劳动防护用品配备和管理制度	应明确劳动防护用品的配备标准,用品的采购、验收、发放登记、使用要求、使用监督等内容
7	特种作业人员管理制度	应明确特种作业人员的进场考核、岗前培训、继续教育、人员登记台账等内容
8	施工机械设备安全管理制度	应明确机械设备管理的职责分工,设备的安装、验收、使用、检查、保养维修管理要求、台账记录等内容
9	施工单位项目主要负责人带班制度	应明确项目主要负责人带班计划、带班内容、带班管理程序、台账记录等内容
10	安全生产教育培训管理制度	应明确培训教育的职责分工,培训对象、内容、学时、频次、效果评价、台账记录等内容
11	"平安班组"建设制度	应明确"平安班组"建设的职责分工、实施要求、检查评价、奖惩、台账记录等内容
12	施工安全技术交底制度	应明确交底的通知书编制、交底实施、过程监督、台账记录等内容
13	危险性较大工程管理制度	应明确危险性较大工程的清单制定、专项施工方案的编审批、专项方案的实施、台账记录等内容
14	生产安全事故隐患排查治理制度	应明确隐患的排查方式、频次、治理程序、治理要求,重大事故隐患的清单建立、排查治理等内容
15	安全生产检查制度	应明确检查的类别、方式、内容、频次、整改流程、结果应用等内容
16	生产安全事故管理制度	应明确事故的报告、应急救援、统计分析、内部调查和责任追究等内容
17	安全生产内业资料管理制度	应明确内业资料的归档类别、归档内容、归档部门等内容
18	施工现场消防安全责任制度	应明确现场消防安全管理职责分工、责任区域划分、器材配备台账建立、检查维护记录要求等内容
19	危险品管理制度	应明确施工现场用火、用电、使用危险品的管理程序、管理要求和责任分工、台账记录等内容
20	施工作业操作规程	应明确施工各工序、工种的具体操作要领
21	专业分包(劳务合作)单位安全管理考评制度	应明确专业分包(劳务合作)单位安全生产条件、安全生产管理责任、评价内容和标准、评价方式和频次、评价实施、结果应用、奖惩等内容
22	"平安工地"建设评价制度	应明确开工前安全生产条件自评、"平安工地"建设自评的职责分工、自评程序、自评结果报送、台账记录等内容
23	安全生产奖惩制度	应明确安全生产奖惩条件和方式、结果应用、台账记录等内容

3.5 安全生产管理制度编制要求

3.5.1 安全生产管理制度应具有"时间、地点、人物、工作内容、工作流程"五要素,明确管理责任主体、管理内容、管理程序等内容。

3.5.2 安全生产管理制度中的工作程序应明确清晰,并与安全生产责任体系和岗位职责相对应。

3.5.3 安全生产管理制度应符合法律法规和部门规章等,并及时进行更新。

3.6 安全生产管理制度实施要求

3.6.1 安全生产制度发布后,建设、监理、施工单位应通过会议、培训、实操、演练、设置宣传栏等方式组织从业人员进行安全生产制度、操作规程的学习与培训。

3.6.2 建设、监理、施工单位应每年对安全生产制度和操作规程的落实情况进行评估,形成评估报告,针对存在问题,持续改进,确保制度内容完整、可操作性强。

4 安全风险评估与预控

4.1 一般规定

4.1.1 工程项目安全风险评估与预控应坚持"预防为主、关口前移、超前预控、全过程管理"的原则。

4.1.2 工程项目安全风险评估费用在工程项目安全生产费用中列支。

4.2 工可、设计阶段

4.2.1 风险评估

(1)建设单位应依据《公路项目安全性评价规范》(JTG B05—2015),在工程可行性研究阶段、初步设计阶段、施工图设计阶段开展工程项目安全性评价。

(2)设计单位应依据《公路桥梁和隧道工程设计安全风险评估指南(试行)》,在初步设计阶段开展公路桥梁和隧道工程设计安全风险评估,并按要求提交风险评估报告。建设单位应组织专家对评估报告进行评审。根据评审结果,由设计单位对初步设计方案进行修改和完善。当评估结论为极高风险时,设计单位应对初步设计方案进行重新论证。

4.2.2 风险预控

(1)建设单位应在初步设计阶段委托地质勘查咨询单位,对全线的地质地貌情况进行调查并提交地质地貌咨询报告,作为初步设计的依据。

(2)设计单位应按照法律、法规、规章、工程建设强制性标准和合同文件进行设计,防止因设计不合理导致生产安全事故发生。

(3)设计单位应考虑施工安全操作和防护的需要,在设计文件中对涉及施工安全的重点部位和环节加以注明,并提出指导意见。

设计单位应依据初步设计阶段桥隧安全风险评估结论,在设计文件中对存在极高安全风险等级的工程部位增加专项设计,并组织专家论证。

(4)对采用新结构、新工艺、新材料的工程和特殊结构工程,设计单位应在设计文件中提出保障施工作业人员安全和预防生产安全事故的措施和建议。

(5)设计单位和设计人员应对其设计负责,按合同要求做好设计交底和现场服务。

4.3 招标阶段

建设单位应在招标阶段落实以下风险预控措施：

4.3.1 建设单位应在招标文件及施工合同中载明工程项目安全生产目标、各自的安全生产管理责任、施工单位安全生产条件、安全生产信用情况及专职安全生产管理人员配备标准等要求。

4.3.2 建设单位应在招标文件及施工合同中设置安全奖，按一定比例列入合同总价中，用于各阶段的安全评比及评价奖励。

4.3.3 建设单位应将《广东省高速公路工程施工安全标准化指南》或根据《广东省高速公路工程施工安全标准化指南》制订的工程项目施工安全标准写入招标文件和监理合同、施工合同，作为监理、施工单位的安全生产行为准则。

4.4 施工准备阶段

4.4.1 风险（危险）辨识与评估

（1）施工单位应建立安全风险（危险）辨识、评估与管控制度，及时排查和管控安全风险。

（2）工程开工前，施工单位总工程师应组织工程技术、质量、安全、设备物资等部门人员，按照有关标准和规范，全方位、全过程辨识本合同段施工工艺、设备设施、作业环境、人员行为和管理体系等方面存在的安全风险，并对辨识出的安全风险进行科学评估，确定安全风险等级，形成风险（危险）源清单和重大风险（危险）源清单。其中，重大风险（危险）源应制订明确的安全措施、应急措施，填写登记表，汇总造册，报监理单位审查后抄送建设单位。

（3）风险辨识与评估工作完成后，施工单位应依据安全风险类别和等级，绘制本合同段安全风险空间分布图。

（4）施工单位应及时关注风险（危险）源变化情况，每年至少开展一次全面的安全风险（危险）辨识与评估，动态评估、调整风险等级和管控措施。

4.4.2 桥隧、路堑高边坡风险评估

（1）符合《公路桥梁和隧道工程施工安全风险评估指南（试行）》《高速公路路堑高边坡工程施工安全风险评估指南（试行）》规定的工程项目，建设、监理、施工单位应按规定开展施工安全风险评估。

（2）施工单位应在工程开工前向监理单位上报施工安全风险评估计划，监理单位应对施工单位施工安全风险评估工作完成情况进行汇总，填写施工安全风险评估完成情况汇总表，并报建设单位备案。

（3）施工安全风险评估项目范围、方法、步骤、报告、动态监管及其他工作要求应参照

《公路桥梁和隧道工程施工安全风险评估指南(试行)》《高速公路路堑高边坡工程施工安全风险评估指南(试行)》执行。

(4)桥梁和隧道工程施工安全风险评估工作一般应由施工单位负责实施。当评估项目含有多个合同段时,总体风险评估应由建设单位牵头组织,专项风险评估仍由施工单位负责。总体风险评估、专项风险评估均应在工程开工前完成。风险评估报告经监理单位审查,同意后抄送建设单位。

(5)路堑高边坡工程施工安全总体风险评估应由建设单位负责组织,专项风险评估应由施工单位负责组织。总体风险评估应在工程开工前完成,专项风险评估应在评估单元施工前完成。施工单位风险评估报告经监理单位审查,同意后抄送建设单位。

(6)施工单位桥隧、路堑高边坡专项风险等级达到Ⅳ级(极高风险)时,建设单位应组织专家论证。对无有效防护措施的极高风险的施工作业活动(施工区段),不得施工。

(7)施工单位应将桥隧、路堑高边坡风险评估结果纳入合同段风险(危险)源清单。对桥隧、路堑高边坡专项风险评估为Ⅲ级及以上的施工作业活动(施工区段),应纳入合同段重大风险(危险)源清单,进行重点管控。

4.4.3 开工前安全生产条件核查

(1)工程项目开工前,建设单位应对监理单位进行安全生产条件核查。核查的主要内容包括安全监理管理制度报批情况、安全组织机构、管理机构报批情况、安全监理人员到位和持证情况、监理计划、安全监理细则报批情况。

(2)工程项目开工前,监理单位应对施工单位进行安全生产条件核查。核查的主要内容包括安全生产管理制度及操作规程报批情况、安全组织机构、管理机构报批情况、安全管理人员到位和持证情况、施工组织设计中安全技术措施和施工现场临时用电方案编制审批情况、危险性较大工程专项施工方案编制计划报批情况、安全生产费用清单报批情况。建设单位应对施工单位安全生产条件进行抽查。

(3)分项工程开工前,监理单位应对施工单位开展分项工程安全生产条件核查,提出核查意见。分项工程安全生产条件核查的主要内容包括专项施工方案编制审批情况、特种作业人员持证情况、特种设备检测情况、其他机械设备验收情况、施工作业人员岗位教育培训情况、安全技术交底情况、施工现场安全生产措施落实情况、临时用电设置情况、劳动防护用品配备情况。分项工程安全生产条件核查合格后,监理单位方可签发分项工程开工报告。

4.5 施工阶段

4.5.1 风险告知

(1)施工单位应制作岗位安全风险告知卡或岗位安全知识手册,将安全风险、可能引发事故隐患类别、事故后果、管控措施、应急措施及报告方式等内容告知本单位从业人员和进入风险(危险)源工作区域的外来人员,指导、督促其做好安全防范。

(2)施工单位应对进入重大风险(危险)源区域的本单位从业人员开展应急逃生和应急处置等内容的教育培训,并组织应急演练。

(3)施工单位应在重大风险(危险)源所在场所设置明显的安全警示标志和安全风险告知牌,标明重大风险(危险)源危险特性、可能发生的事件后果、安全防范和应急措施。

4.5.2 风险预控

(1)施工单位应根据风险(危险)源评估结论,完善施工组织设计和专项施工方案。对经评估确定的重大风险(危险)源,应制定有关的安全措施和应急措施,报监理单位审查,同意后抄送建设单位。

(2)施工单位应对风险(危险)源进行动态监管,及时掌握安全风险状态和变化趋势。对经评估确定的重大风险(危险)源,施工单位应按照"一源一档"的要求,建立专项管理台账,定期进行分析、评估、预警、预控,把安全风险控制在可防、可控的范围。

(3)施工单位应结合工程实际,采取以下措施管控施工安全风险:

①调整施工方案。主要包括合理调整施工顺序、改进施工工艺。

②完善施工安全生产措施。主要包括安全技术措施(包括监测预警、对不安全场所进行安全隔离或加强防护、设立警告标志、人工警戒等)、安全替代措施(以机器换人措施等)、应急救援措施(制订预案,做好应急准备等)。

③强化安全管理措施。主要包括加强作业人员安全教育培训、安全巡查检查等措施。

(4)工程开工后,监理单位应督查施工单位风险(危险)源控制措施的落实情况,并予以记录。

5 安全生产费用管理

5.1 一般规定

5.1.1 工程项目安全生产费用是指由建设单位列支,施工单位按照相关规定和标准使用,专门用于设置安全防护设施、落实安全生产措施、改善安全生产条件、加强安全管理等所需的资金。

5.1.2 安全生产费用管理应遵照"按规提取、合理使用、确保需要"的原则,并按照有关规定、行业标准以及合同约定等确定提取标准。

5.1.3 建设单位在编制工程招标文件时,应明确安全生产费用的总金额或比例、预付金额或比例、计量支付方式与时限、具体使用要求、调整方式等条款。安全生产费用不足时,应按照风险共担原则协商解决。

5.1.4 安全生产费用应专款专用、专户核算,任何单位或个人不得挤占或挪用。

5.2 安全生产费用提取

5.2.1 建设单位在编制工程概(预)算时,应依据工程基本建设项目概算预算编制办法及广东省的相关补充规定,计列安全生产费用。

5.2.2 建设单位在建设工程招标时,应分别确定各合同段所需的安全生产费用,以总价形式单列作为固定报价,不得作为竞争性报价,并分别包含在招标控制价和投标报价中。

安全生产费用应以招标控制价所包含的全部建筑安装工程费用(工程量清单第 100 章至第 900 章费用之和,扣除安全生产费和机电工程设备购置费)为计算基数按规提取,提取标准不得低于 1.5%(不含改、扩建工程专项交通安全维护费),其中房建工程不得低于 2.0%。

5.2.3 建设单位应按照国家、广东省有关规定,确定工程项目安全生产费用的具体使用范围和计量办法,并在招标文件工程量清单中明确安全生产费用具体支付子目。

5.2.4 建设单位对工程项目的安全防护、安全施工有特殊要求的,应在招标文件中予以明确,增加安全生产费用,并在安全生产费用清单中增加相应项目及费用。

5.3 安全生产费用使用范围

5.3.1 按照有关规定,安全生产费用应在以下范围内使用:

（1）设置、完善、改造和维护安全防护设施设备支出（不含按照"三同时"要求初期投入的安全设施）。

（2）配备、维护、保养应急救援器材、设备支出和应急演练支出。

（3）重大风险（危险）源和事故隐患评估、监控和整改支出。

（4）安全生产检查、安全评价、咨询和标准化建设支出。

（5）配备和更新现场作业人员安全防护用品支出。

（6）安全生产宣传、教育培训支出。

（7）安全生产适用的新技术、新标准、新工艺、新装备的推广应用支出。

（8）安全设施及特种设备检测检验支出。

（9）其他与安全生产直接相关的支出。

5.3.2 施工单位以下费用不在安全生产费用中列支：

（1）施工单位为施工作业人员办理的团体人身意外伤害险或个人意外伤害险费用。

（2）施工单位为职工提供的工伤保险、医疗保险费用。

（3）除建设单位与监理单位共同认定外，施工现场与外界的隔离、围挡设施费用以及为保证施工期间交通安全而设置的临时安全设施和标志、标牌的费用。

（4）爆破作业及穿越村镇、公路、河流、地下管线施工现场进行防护、隔离等设施费用。

（5）按正常施工作业所设置的基坑围护、防失稳支撑、支架等设备费用。

（6）考核奖励费用。

（7）合同工程量清单中已经单列的与安全生产有关的其他费用。

（8）建设单位和监理单位共同认定的其他不列入安全生产费用支出的费用。

5.4 安全生产费用使用管理

5.4.1 建设单位

（1）建设单位应定期对施工单位的安全生产费用使用情况进行监督检查。

（2）施工单位未按照合同约定落实安全生产措施的，建设单位可以责令其暂停施工或暂停支付安全生产费用，并要求监理单位督促整改，直至施工单位完成整改。

施工单位未能在规定期限内完成对施工现场事故隐患整改的，建设单位可以直接委托其他单位代为整改，相关费用在支付给施工单位的费用中扣除，并由建设单位直接支付给受委托单位。

5.4.2 监理单位

（1）监理单位应根据施工单位季度（月度）安全生产费用使用计划，对照当月安全生产投入明细表及有关发票、照片、视频等资料，与现场实物逐一核对签认。

（2）监理单位应及时核实周转性材料、非实物性的安全生产费用支出，并留有图片、视频等资料作为审核计量的依据。

（3）监理单位发现施工现场存在事故隐患或施工单位未落实安全生产措施的,应书面要求其整改。发现重大事故隐患时应及时责令施工单位停工整改,待事故隐患排除后方可恢复正常施工,施工单位拒不整改的,监理单位应暂停安全生产费用及工程款的计量,并及时向建设单位报告。

5.4.3 施工单位

（1）施工单位应按照合同约定,制订季度（月度）安全生产费用使用计划,报监理单位审批,同意后实施。

（2）施工单位应建立安全生产费用使用台账,附安全生产费用使用环节的监控资料和有关票据凭证等资料。

（3）施工单位依法将部分工程分包给分包单位施工的,总包单位应将安全生产费用按比例直接支付给分包单位,不得拖欠并监督使用,分包单位不再重复提取。分包单位安全生产条件和措施投入不足的应由总承包单位负责配足。安全生产费用不得转嫁由劳务分包单位承担。

5.5 安全生产费用计量支付

5.5.1 建设单位应同期支付安全生产费用预付款和工程预付款。安全生产费用预付款不得低于其费用总额的30%,安全生产费用预付款在后续工程款计量中分期（次）扣回。

5.5.2 安全生产费用的计量与支付应采用以现场计量为主,现场计量与总额包干相结合的方式。

5.5.3 能够以具体单位数量进行计量的安全生产费用,应采用现场计量、按实支付的方式进行计量与支付。无法以具体单位数量进行计量,或者采用具体单位数量计量难度较大的安全生产费用,可以采用总额包干、分期支付的方式进行计量与支付,但该部分费用合计应控制在合同安全生产费用总额的30%以内（含30%）。

5.5.4 采用现场计量的安全生产费用计量的凭证包括发票（或收据）、工程确认单、工程结算单、机械设备台班结算单、机械设备租赁合同、现场确认影像等。所有凭证应经施工单位专职安全生产管理人员验收,项目经理确认,报监理单位审核,同意后报建设单位审批。

5.5.5 工程项目施工过程中,施工单位应根据每一计量周期安全生产费用的使用情况,按照合同文件规定,编制安全生产费用计量申请表（附相关凭证）和下期使用计划,经专职安全生产管理人员、安全生产负责人和项目经理签字盖章后,报送驻地办监理工程师和建设单位工程管理员审核。驻地监理工程师收到安全生产费用计量申请表后,应在合同文件规定时间内完成对计量申请表的审核,核对无误后签字报总监办审核,通过后报建设单位审批。

5.5.6 建设单位应对经监理单位审核通过的安全生产费用计量申请表进行审批（审

批流程中必须设定建设单位专职安全生产管理人员、安全生产管理部门负责人审核环节），同意后应在合同约定期限内将安全生产费用支付给施工单位。

5.5.7 施工单位应根据实际需要使用安全生产费用，因重大设计变更造成施工单位安全生产费用实际投入总额与合同约定不一致的，差额部分的安全生产费用由建设单位按照批复变更金额和规定提取比例同时调整，调整比例为变更增减合同金额的1.5%，其中房建工程比例为2.0%。

5.5.8 除重大设计变更增补安全生产费用外，施工单位安全生产费用实际支出超过合同约定安全生产费用总额的，建设单位与施工单位应依据合同约定处理或按照风险共担原则协商解决。

5.5.9 施工单位已经按照相关规定落实安全生产措施，但安全生产费用实际投入总额少于工程量清单中安全生产费用总额的，经监理单位核实后，余额部分建设单位可不予计量支付。

5.5.10 工程结算时，安全生产费用未计量部分原则上不再支付。

6 人员与机械设备安全管理

6.1 一般规定

6.1.1 施工单位是施工现场作业人员与机械设备安全管理的责任主体,应制订劳务用工登记、机械设备管理制度并组织实施。

6.1.2 监理单位应做好人员和机械设备的准入核查和过程监督。

6.1.3 施工单位应积极应用信息化手段,开展劳务用工实名登记和机械设备使用管理。

6.2 施工现场人员标识

6.2.1 建设、监理、施工单位人员应根据岗位分工,佩戴不同颜色安全帽。其中建设、监理单位人员的安全帽为白色,施工单位管理人员的安全帽为红色,特种作业人员的安全帽为蓝色,施工作业人员的安全帽为黄色。

6.2.2 施工单位专兼职安全生产管理人员(包括班组安全协管员)应佩戴红色"安全员"袖标,尺寸为40cm×14cm。

6.3 施工作业人员管理

6.3.1 劳动用工实名制

施工单位应建立劳动用工实名登记制度,按照编码规则对所有进场人员进行实名登记,确保登记信息真实完整,并积极推行信息化管理方式,对施工作业人员的基本身份信息、培训和技能状况、从业经历、考勤记录、诚信信息、工资结算及支付等情况实行实名动态管理。

6.3.2 保险

(1)施工单位应依法参加工伤保险,为所有施工作业人员缴纳保险费。

(2)施工单位应投保安全生产责任保险,将施工作业人员全部纳入安全生产责任保险保障范围。

(3)施工单位应为施工作业人员购买人身意外伤害保险。如安全生产责任保险的保障范围已涵盖人身意外伤害保险的保障范围,可不再重复购买。

6.3.3 职业健康

(1)劳动防护

①施工作业人员进场前,施工单位应与其签订安全生产承诺书。

②施工单位应为施工作业人员配备符合标准且必需的劳动防护用品,并教育作业人员正确佩戴和使用。施工单位采购或租用的劳动防护用品必须有生产许可证、产品合格证,并按规定检测和更新。

③监理、施工单位应对劳动防护用品使用情况进行不定期巡视检查,发现作业人员不按规定使用劳动防护用品的,应责令其立即停止作业并督促整改。

(2)职业病防治

①施工单位应对现场职业健康环境进行评估,辨识可能造成职业病危害的作业活动范围,制定有效的防治措施,预防和控制职业病的发生和发展。

②施工单位应按照规定及时、如实地向当地主管部门申报辨识出来的职业危害因素,并依法接受其监督。

③施工单位应告知作业人员操作岗位存在的职业病危害因素、已采取的防治措施及应急救治措施,组织可能受影响的作业人员进行必要的健康检查。

④施工单位应在存在职业危害因素的作业现场设置警示标识和警示说明,警示说明应载明职业危害因素的种类、后果、预防和应急救治措施。

6.4 特种作业人员管理

6.4.1 施工单位应汇总施工现场特种作业人员的相关资格证书,并建立特种作业人员台账。做好到岗、离岗记录,及时更新人员台账。

6.4.2 特种作业人员进场前,施工单位应编制特种作业人员基本信息表(附特种作业人员操作证、身份证、近期照片以及网上真实性查询结果截图原件和复印件),报监理单位核查,通过后方可进场作业。监理单位为二级管理机构的,可由驻地办进行核查并定期将有关资料报总监办备案。

6.4.3 监理单位应对施工现场特种作业人员的作业情况进行不定期巡视检查,发现人证不一或无证上岗的,应责令其立即停止作业,清退出场。

6.5 一般机械设备管理

6.5.1 施工单位应建立机械设备管理制度和机械设备管理台账,做好使用、检查、维护、保养等记录。

6.5.2 监理、施工单位应对施工现场机械设备(含特种设备)的使用、检查、保养、维护等情况进行不定期巡查,检查机械设备管理制度的落实情况。

6.6 特种设备管理

6.6.1 特种设备的安装与拆除应委托具有专业资质的单位。

6.6.2 特种设备使用前,施工单位应填写特种设备基本信息表[附"四证":特种设备出厂合格证、检验合格证(包括检验报告)、使用登记证以及特种设备操作人员证书],报监理单位核查,通过后方可使用。监理单位为二级管理机构的,可由驻地办进行核查并定期将有关资料报总监办备案。

6.6.3 施工单位应按照"一机一档"的要求,建立特种设备动态管理台账。台账应包括下列内容:

(1)特种设备的设计文件、制造单位、产品质量合格证明、使用维护说明等文件以及安装技术文件和资料。

(2)特种设备定期检验和定期自行检查的记录。

(3)特种设备的日常使用状况记录。

(4)特种设备及其安全附件、安全保护装置、测量调控装置及有关附属仪器仪表的日常维护保养记录。

(5)特种设备运行故障和事故记录。

6.6.4 监理单位应对施工现场特种设备使用情况进行不定期巡视检查,发现证件不全或存在重大事故隐患的,应责令清退出场。

7 安全培训与文化建设

7.1 一般规定

7.1.1 建设、监理、施工单位应根据现行法律法规、行业规范等,针对高速公路建设劳动密集,劳动作业层流动、分散以及"三违"现象、事故多发等特点,建立安全教育培训制度,完善安全教育培训条件,按要求对从业人员进行安全教育培训。

7.1.2 建设、监理、施工单位应转变传统观念,改变传统教育培训方式,推动安全教育培训向信息化、可视化、集成化等方向发展,将说教灌输型教育培训模式向体验型、实作型模式转变。

7.1.3 建设、监理、施工单位应负责本单位人员安全教育培训工作。各单位主要负责人应根据法律法规及本指南,组织建立本单位安全教育培训制度,保障安全教育培训经费,组织制订年度安全教育培训计划,并组织实施。

7.1.4 建设、监理、施工单位应在岗位安全生产职责中明确各部门、岗位在安全教育培训工作中的职责,并在安全教育培训制度、培训计划中具体体现。

建设、监理、施工单位负责教育培训工作的部门应会同安全生产管理部门组织本单位安全教育培训,并建立健全教育培训档案。

建设、监理、施工单位各部门应根据分工,配合做好有关教育培训工作,并负责整理部门教育培训档案。

7.1.5 建设、监理、施工单位人员应接受安全教育培训,熟悉有关法律法规、行业标准,熟悉安全生产规章制度和安全操作规程,掌握本岗位的安全操作技能,了解事故应急处置措施,知悉自身在安全生产方面的权利和义务。

应接受安全教育培训的人员包括本单位安全生产主要负责人、安全生产管理人员、工程技术人员、特种作业人员、其他管理人员和作业人员。

未经安全教育培训或考核不合格的从业人员,不得上岗作业。

7.1.6 建设、监理、施工单位原则上不得占用从业人员休息时间安排安全教育培训,且应支付工资和必要的费用,确保从业人员有效配合完成安全教育培训课时,达到安全教育培训的目的。

7.1.7 鼓励施工单位建立安全体验馆和制作工序模型,开展场景模拟、安全体验及工序安全要点体验实作等新型安全教育培训。鼓励施工单位依托"互联网"和"移动互联网"技术,开展网络安全教育培训。鼓励施工单位委托社会专业安全教育培训机构开展安全教育培训。

7.2 安全教育培训对象与要求

7.2.1 安全生产主要负责人安全教育培训要求

（1）安全生产主要负责人应按规定持有安全生产培训合格证书,并按时参加继续教育,确保证件持续有效。

（2）安全生产主要负责人初次安全教育培训时间不得少于32学时,每年再培训时间不得少于12学时。

（3）建设、监理、施工单位安全生产主要负责人应掌握的基本安全知识见表7-1。

7.2.2 安全生产管理人员安全教育培训要求

（1）建设、监理、施工单位安全生产管理人员应持有本标准2.6.1、2.6.2、2.6.3条款所规定的证书。

（2）安全生产管理人员应按规定参加继续教育,确保证件持续有效。

（3）安全生产管理人员初次安全教育培训时间不得少于32学时,每年再培训时间不得少于12学时。

（4）建设、监理、施工单位安全生产管理人员至少应每年参加1次外部专业培训,应掌握的基本安全知识见表7-1。

安全生产主要负责人、安全生产管理人员应掌握的基本安全知识　　　表7-1

单位 内容	安全生产主要负责人			安全生产管理人员		
	建设单位	监理单位	施工单位	建设单位	监理单位	施工单位
《中华人民共和国安全生产法》	√	√	√	√	√	√
《生产安全事故报告和调查处理条例》	√	√	√	√	√	√
《广东省安全生产条例》	√	√	√	√	√	√
《建设工程安全生产管理条例》	√	√	√	√	√	√
《公路水运工程安全生产监督管理办法》	√	√	√	√	√	√
《公路工程施工安全技术规范》（JTG F90—2015）	基本规定	√	√	√	√	√

续上表

单位 内容	安全生产主要负责人			安全生产管理人员		
	建设单位	监理单位	施工单位	建设单位	监理单位	施工单位
《公路工程施工监理规范》（JTG G10—2016）		√		一般规定	√	
自身岗位安全生产职责	√	√	√	√	√	√

注：《公路工程施工安全技术规范》（JTG F90—2015）中项目未涉及内容不在应掌握基本安全知识范围内。

7.2.3 特种作业人员安全教育培训要求

（1）特种作业人员必须按照国家有关规定接受专门的安全教育培训，经考核合格取得相应资格证书后，方可上岗作业。

（2）特种作业人员的范围和培训考核管理，参照《特种作业人员安全技术培训考核管理规定》执行。

7.2.4 工程技术人员安全教育培训要求

（1）建设单位至少应每半年组织1次针对工程技术人员的安全教育培训，包括但不限于以下内容：国家、行业安全生产法律法规、规范、标准等；上级有关文件、合同条款、本单位安全生产管理制度、岗位安全生产职责；施工现场常见隐患及治理措施；典型险情或事故案例剖析；安全生产管理办法。

（2）总监办至少应每季度组织1次针对工程技术人员的安全教育培训，主要培训内容同7.2.4（1）。

（3）驻地办根据现场安全生产管理实际，至少应每两个月组织1次针对驻地办监理人员的安全教育培训，包括但不限于以下内容：建设单位及上级有关安全生产的新文件和新制度；与所监管项目有关的施工方案；岗位风险及应急处置措施；重大节日及大风、雷暴雨、冰冻等特殊天气的安全监理注意事项、典型险情或事故案例剖析。

（4）施工单位项目经理应在项目正式开工前，组织总工程师、项目副经理、工程技术人员进行安全教育培训，主要包括但不限于以下内容：合同中的有关条款；项目总体情况；项目安全管理重难点及管理措施；重要施工方案；施工技术规范及安全质量管理要求。

（5）施工单位至少应每月组织1次针对工程技术人员的安全教育培训，包括但不限于以下内容：总结本月项目安全生产工作存在的问题，部署下月安全生产工作；通报本月项目发生的险情、事故情况；各工序风险因素、变化情况及管理措施；建设单位、上级单位有关安全生产方面的要求；公路建设工程施工技术规范及安全质量管理要求。

（6）对工程技术人员的安全教育培训可通过课件宣讲、体验检查、交流探讨会、现场参观等形式开展。

7.2.5 其他从业人员的岗前安全培训要求

(1)其他从业人员应参加本单位组织的岗前安全教育培训,新入行员工的岗前安全教育培训不少于24学时,且考核合格后方可上岗作业。

(2)调整、离岗半年后重新上岗的员工应按新员工的安全教育培训要求执行。

施工单位在采用新技术、新工艺、新设备、新材料、新产品时,应按新员工的安全教育培训要求对作业人员进行相应的教育培训。

(3)其他从业人员中管理及后勤岗位员工的岗前安全教育培训内容见表7-2。

其他从业人员中管理及后勤岗位员工的岗前安全教育培训内容　　表7-2

单位 内容	建设单位	监理单位	施工单位
学习国家有关安全生产法律法规、行业规范、强制性安全标准	√	√	√
本单位安全生产规章制度	√	√	√
本单位安全生产状况、工作环境及危险因素、事故案例分析	√	√	√
所从事岗位的安全生产职责、操作规程,所从事岗位存在的安全风险,预防事故和职业危害的措施以及相关事故的应急处理措施	√	√	√
观摩安全体验馆,学习急救技能、安全设备设施及个人防护用品的使用和维护	√	√	√
上级相关安全文件要求、相关的监理合同和施工合同	√	√	√
学习其他需要培训的内容,针对所培训内容组织闭卷考试	√	√	√

(4)其他从业人员中一线作业人员必须接受岗前分级安全教育培训。

①施工单位组织的岗前安全教育培训,包括但不限于以下内容:本单位安全生产情况,安全管理组织机构、管理模式,安全生产基础理论;本单位安全生产规章制度和劳动纪律;从业人员安全生产权利和义务;岗位职业危害因素及防治措施,劳动防护用品的作用及正确穿戴使用方法,现场存在的各类危害因素及对应防治措施;项目风险告知、重大风险(危险)源及防控措施;有关事故案例。

②劳务合作单位及班组组织的岗前安全教育培训,包括但不限于以下内容:所作业分部分项工程的安全生产概况、工作环境和危险因素;所从事工种的安全生产职责、操作规程及强制性标准;岗位之间工作衔接配合的安全与职业卫生注意事项;作业程序及工艺流程;应遵守的劳动纪律;生产安全事故案例。

7.2.6 全员日常安全教育培训要求

(1)建设单位至少应每年组织全员进行1次不少于2学时的安全教育培训。教育培训应包括但不限于以下内容:国家有关安全生产的新规定;上级有关安全生产的文件;本单位新制(修)订的安全管理制度;生产安全事故案例;应急知识。

(2)建设单位在工程项目开工前,应组织监理、施工单位相关人员进行安全合同条款宣贯及涉危管线(高压线、石油天然气管道等)施工的安全技术交底。

(3)建设单位至少应每年组织监理、施工单位的工程技术人员进行1次不少于4学时的安全教育培训。教育培训对象包括:施工单位安全生产主要负责人、总工程师、专兼职安全生产管理人员、工程技术部负责人等;监理单位安全生产主要负责人、安全监理工程师、驻地监理工程师等。教育培训应包括但不限于以下内容:国家有关安全生产的新规定、上级有关安全生产文件规定;合同相关条款及建设单位新制(修)订的安全管理制度;本项目当前安全生产状况和管控要求;生产安全事故案例;《公路工程施工安全技术规范》(JTG F90—2015)等技术规范;安全生产标准化、"平安工地"建设要求和安全技术要点。

(4)施工现场出现险情或发生生产安全事故后,建设单位应及时召开险情或事故分析会,对监理、施工单位相关人员进行专门的安全生产教育。监理、施工单位主要负责人应组织相关部门开展专门的安全生产教育培训。

(5)监理单位至少应每半年组织全员进行1次不少于2学时的安全教育培训,由总监理工程师负责组织实施。教育培训应包括但不限于以下内容:国家有关安全生产法律法规的新规定;安全监理要点、现场常见隐患及治理措施;典型险情或事故案例剖析;应急知识;安全生产标准化、国内外先进经验交流等。

(6)施工单位应利用周、月度、季度、年度安全例会或召开专门安全生产会议对全体员工开展经常性的安全教育培训,切实增强全员的安全意识。同时结合重大传统节日及大风、雷暴雨、冰冻等特殊天气季节,有针对性地开展安全教育培训。

(7)施工单位应开展周安全例会、班前危险预知等形式的安全教育培训。

①周安全例会由施工单位或专业分包、劳务合作单位负责人组织开展,各单位管理人员参加,周安全例会应包括但不限于以下内容:上周存在的违章现象及奖罚情况,本周安全工作及注意事项;施工工序有关安全管理要求;各工序风险因素、变化情况及预防措施;个人劳动防护及现场安全防护有关要求;上级单位有关安全管理要求;事故案例解析等;

②每班的班前危险预知由班组长组织,一般不少于5分钟。

7.2.7 见习生、实习生、外来人员安全教育培训要求

(1)见习生、实习生应按照一般作业人员的要求开展安全教育培训工作,并建立教育培训档案。

(2)对外来检查、参观、指导工作的人员,必须有施工单位管理人员陪同,并进行简短的风险告知,正确佩戴劳动防护用品后方可进入施工现场。

7.3 教育培训要求

7.3.1 建设、监理、施工单位建立的安全生产检查制度应明确安全教育培训检查标准、检查频率等内容,定期进行检查评价。

各参建单位可以采用档案查阅、现场抽查询问等方式检查安全教育培训的落实情况。

7.3.2 新员工岗前教育培训考核合格后,各单位应发放教育培训标识卡(可生成文本类型二维码打印,手机直接扫描查询验证),贴于安全帽尾端。

7.3.3 建设单位应督促监理、施工单位建立安全教育培训制度,制订年度安全教育培训计划,并纳入安全生产检查内容。

7.3.4 监理单位应在开工前检查施工单位是否制定安全教育培训制度和年度安全教育培训计划,每季度对施工单位安全教育培训工作进行1次专项检查。驻地办应每月检查所有新进场工人的岗前安全教育培训落实情况,抽查施工单位周安全例会和班前危险预知落实情况,并记录在案,每月报总监办备案。

7.3.5 档案管理

(1)建设、监理、施工单位应建立安全教育培训档案,所有安全教育培训行为均应形成专门的记录,记录资料要求内容翔实,签字齐全,应提供开始、过程、结束3个时刻的影像资料,且有影像设备自动生成的时间。

(2)档案管理部门应建立方便查阅的台账,确保档案有序归档。

7.4 安全文化建设

7.4.1 建设、监理、施工单位应通过全面推行安全标准化,建设安全文化,培养从业人员安全意识、安全责任、安全行为,形成安全行为习惯。

7.4.2 建设、监理、施工单位应设立安全文化走廊、安全角、黑板报、宣传栏等员工安全文化阵地,每季度至少更新一次内容。

7.4.3 建设、监理、施工单位应建立奖励机制,公布举报电话,发动从业人员发现、报告生产安全事故隐患。对从业人员发现的事故隐患,应及时处理和反馈。

7.4.4 施工单位应编制岗位安全风险告知卡或岗位安全知识手册,发放至每一名从业人员。

7.4.5 建设、监理、施工单位应采取奖励、意见征集等方式,听取从业人员的对单位安全生产工作的建议,提高从业人员参与安全生产工作的积极性。

7.4.6 建设、监理、施工单位应对在安全生产工作中取得显著成绩的集体和个人给予表彰、奖励,并发放奖金。

8 安全技术管理

8.1 一般规定

8.1.1 安全技术管理应坚持"管技术必须管安全""以技术保安全"原则。

8.1.2 建设、监理、施工单位应加强科技应用及创新,提升工程本质安全水平。

8.2 施工组织设计中的安全技术措施

8.2.1 安全技术措施作为施工单位项目施工组织(总)设计的重要内容,应符合相关法律法规的要求。监理单位在审查施工组织设计时,应重点审查安全技术措施内容是否符合强制性标准的要求,同意后方可签发开工令,并抄送建设单位。

8.2.2 安全技术措施主要应包含以下内容:安全生产目标,安全生产组织体系、责任体系以及安全生产条件,符合有关安全要求的施工现场布置图及说明,符合国家有关规定的安全防护用具、机械设备、施工机具等清单,危险性较大工程、施工现场重大风险(危险)源清单及初步控制措施,施工现场消防措施,项目安全技术控制要点,施工作业人员安全教育培训计划、安全技术交底计划,安全生产费用使用计划,生产事故综合应急预案(附专项应急预案和现场处置方案清单)。

8.3 危险性较大工程专项施工方案

8.3.1 危险性较大工程范围

危险性较大工程是指在施工过程中存在的、可能导致作业人员群死群伤或造成重大财产损失、作业环境破坏或其他损失的工程。

施工单位应根据风险评估结论,在提交开工报告前,向建设、监理单位提供本合同段危险性较大工程清单。建设单位应组织监理、施工、设计等单位对工程项目的危险性较大工程清单进行审核确认,并进行动态管理。危险性较大工程和超过一定规模危险性较大工程如表8-1所示。

8 安全技术管理

危险性较大工程和超过一定规模危险性较大工程范围　　　　　　表 8-1

序号	类别	需编制专项施工方案的危险性较大工程	需专家论证、审查的超过一定规模的危险性较大工程
1	基坑开挖、支护、降水工程	(1) 开挖深度不小于3m的基坑(槽)开挖、支护、降水工程。 (2) 深度不小于3m但地质条件和周边环境复杂的基坑(槽)开挖、支护、降水工程	(1) 深度不小于5m的基坑(槽)的土(石)方开挖、支护、降水。 (2) 开挖深度虽小于5m，但地质条件、周围环境和地下管线复杂，或影响毗邻建(构)筑物安全，或存在有毒有害气体分布的基坑(槽)的土方开挖、支护、降水工程
2	滑坡处理和填、挖方路基工程	(1) 滑坡处理。 (2) 边坡高度大于20m的路堤或地面斜坡坡率陡于1∶2.5的路堤，或不良地质地段、特殊岩土地段的路堤。 (3) 土质挖方边坡高度大于20m、岩挖方边坡高度大于30m，或不良地质、特殊岩土地段的挖方边坡	(1) 中型及以上滑坡体处理。 (2) 边坡高度大于20m的路堤或地面斜坡坡率陡于1∶2.5的路堤，且处于不良地质地段、特殊岩土地段的路堤。 (3) 土质挖方边坡高度大于20m、岩质挖方边坡高度大于30m且处于不良地质、特殊岩土地段的挖方边坡
3	基础工程	(1) 桩基础。 (2) 挡土墙基础。 (3) 沉井等深水基础	(1) 深度不小于15m的人工挖孔桩或开挖深度不超过15m，但地质条件复杂或存在有毒有害气体分布的人工挖孔桩工程。 (2) 平均高度不小于6m且面积不小于1200m²的砌体挡土墙的基础。 (3) 水深不小于20m的各类深水基础
4	大型临时工程	(1) 围堰工程。 (2) 各类工具式模板工程。 (3) 支架高度不小于5m；跨度不小于10m；施工总荷载不小于10kN/m²；集中线荷载不小于15kN/m。 (4) 搭设高度24m及以上的落地式钢管脚手架工程；附着式整体和分片提升脚手架工程；悬挑式脚手架工程；吊篮脚手架工程；自制卸料平台、移动操作平台工程；新型及异性脚手架工程。 (5) 挂篮。 (6) 便桥、临时码头。 (7) 水上作业平台	(1) 水深不小于10m的围堰工程。 (2) 高度不小于40m的墩柱、高度不小于100m的索塔的滑模、爬模、翻模工程。 (3) 支架高度不小于8m；跨度不小于18m；施工总荷载不小于15kN/m²；集中线荷载不小于20kN/m。 (4) 50m以上落地式钢管脚手架工程。用于钢结构安装等满堂承重支撑体系，承受单点集中荷载7kN以上。 (5) 猫道、移动模架
5	桥梁工程	(1) 桥梁工程中的梁、拱、柱等构件施工。 (2) 打桩船作业。 (3) 施工船作业。 (4) 边通航边施工作业。 (5) 水下工程中的水下焊机、混凝土浇筑等。 (6) 顶进工程。 (7) 上跨或下穿既有公路、铁路、管线施工	(1) 长度不小于40m的预制梁的运输与安装，钢箱梁吊装。 (2) 跨度不小于150m的钢管拱安装施工。 (3) 高度不小于40m的墩柱、高度不小于100m的索塔等的施工。 (4) 离岸无掩护条件下的桩基施工。 (5) 开敞式水域大型预制构件的运输与吊装作业。 (6) 在三级及以上通航条件等级的航道上进行的水上水下施工。 (7) 转体施工

续上表

序号	类别	需编制专项施工方案的危险性较大工程	需专家论证、审查的超过一定规模的危险性较大工程
6	隧道工程	(1)不良地质隧道。 (2)特殊地质隧道。 (3)浅埋、偏压及邻近建筑物等特殊环境条件隧道。 (4)Ⅳ级及以上软弱围岩地段的大跨度隧道。 (5)小净距隧道。 (6)瓦斯隧道	(1)隧道穿越岩溶发育区、高风险断层、沙层、采空区等工程地质或水文地质条件复杂地质环境；Ⅴ级围岩连续长度占总隧道长度10%以上且连续长度超过100m；Ⅵ级围岩的隧道工程。 (2)软岩地区的高地应力区、膨胀岩、黄土、冻土等地段。 (3)埋深小于1倍跨度的浅埋地段；可能产生坍塌或滑坡的偏压地段；隧道上部存在需要保护的建筑物地段；隧道下穿水库或河沟地段。 (4)Ⅵ级及以上软弱围岩地段跨度不小于18m的特大跨度隧道。 (5)连拱隧道；中夹岩柱不小1倍隧道开挖跨度的小净距隧道；长度大于100m的偏压棚洞。 (6)高瓦斯或瓦斯突出隧道。 (7)水下隧道
7	起重吊装工程	(1)采用非常规起重设备、方法，且单件起吊重量在10kN及以上的起重吊装工程。 (2)采用起重机械进行安装的工程。 (3)起重机械设备自身的安装、拆卸	(1)采用非常规起重设备、方法，且单件起吊重量在100kN及以上的起重吊装工程。 (2)起吊重量在300kN及以上的起重设备安装、拆卸工程
8	拆除、爆破工程	(1)桥梁、隧道拆除工程。 (2)爆破工程	(1)大桥及以上桥梁拆除工程。 (2)一级及以上公路隧道拆除工程。 (3)C级及以上爆破工程，水下爆破工程
9	其他	上述范围以外的重大风险(危险)源风险等级为三级以上的分部分项工程	

8.3.2 危险性较大工程专项施工方案的编制

危险性较大工程专项施工方案是指在公路工程建设中，施工单位在编制施工组织设计的基础上，针对危险性较大工程，以分部分项工程为单元，依据有关工程建设标准、规范和规程，单独编制的质量安全技术措施文件。

施工单位应按照施工组织安排，及时编制专项施工方案。专项施工方案应由施工单位总工程师组织本合同段技术、质量、安全、设备物资等部门的专业技术人员编制；专业分包工程的专项施工方案应由专业分包单位组织相关人员编制。

专项施工方案主要包括以下内容：

（1）工程概况：危险性较大工程概况、水文地质条件、施工平面布置、施工要求和技术保证条件。

（2）编制依据：相关法律、法规、标准、规范及图纸（国标图集）、施工组织设计等。

（3）施工计划：包括施工进度计划、材料与设备计划、劳动力计划（包括专职安全生产管理人员、特种作业人员等）。

（4）施工工艺技术：主要施工技术方案、施工方法、工艺流程、技术参数、工序检查验收环节等。

（5）风险（危险）源管理：风险（危险）源辨识、分析与评估。

（6）施工安全保证措施：组织保障（质量、安全生产组织机构及职责分工）、技术措施、监测监控措施、检查措施、专项施工方案安全教育培训和技术交底措施等。

（7）文明施工、环境保护措施。

（8）应急预案：生产安全事故现场处置方案。存在专项风险等级在Ⅲ级（高度风险）及以上的施工作业活动（施工区段）的，分类编制相应专项应急预案。

（9）相关结构安全验算书及相关图纸。

（10）其他需要说明的内容。

8.3.3 专项施工方案审批

（1）已编制的专项施工方案应由施工单位总工程师组织本合同段技术、质量、安全、设备物资等部门的专业技术人员进行内审。

（2）对于超过一定规模的危险性较大工程专项施工方案，施工单位编制完成后应委托具有设计资质的单位进行复核，通过后应组织专家论证审查。专家论证审查的主要内容如下：

①专项施工方案内容是否完整，安全控制措施是否具体、可行。
②危险因素辨识分析是否合理，全面。
③专项施工方案计算书和验算依据是否符合有关标准规范。
④安全施工的基本条件是否具备，是否符合现场实际情况等。

专家组应由5名及以上具有高级及以上职称、符合相关专业要求的专家组成，其中工程技术类不少于3人，安全管理类不少于1人，同一单位不得多于2人。涉及公路、铁路、海事、交警、安监等相关部门的，应邀请相关部门人员参加论证会。建设单位、勘察、设计单位、监理单位、负责方案编制的施工单位及施工企业相关人员不得以专家身份参加专家论证会。

（3）专项施工方案经论证审查后，专家组应提交论证审查报告，对论证审查方案提出明确的意见，并在论证审查报告上签字，对论证审查意见负责。该报告是专项施工方案修改完善的指导意见，应作为专项施工方案的附件。

（4）专项施工方案经论证审查需做重大修改的，施工单位应按照论证报告进行修改，并重新组织专家进行论证、审查。

(5)专项施工方案内审合格或按照论证审查报告完善后,报施工企业技术负责人审核,签字同意后报监理单位进行审批,总监理工程师审核签字同意后方可实施。

(6)施工单位应严格按照专项施工方案组织施工,不得擅自修改、调整专项施工方案。因设计、结构、外部环境等因素发生变化需修改的,修改后的专项施工方案应重新按审核程序办理。对于超过一定规模的危险性较大工程的专项施工方案,修改后应重新组织专家论证、审查。

8.3.4 专项施工方案实施

(1)专项施工方案实施前,施工单位应向相关现场管理人员和作业人员进行安全技术交底和风险告知。

(2)施工单位应在危险性较大工程的施工现场设置安全风险告知牌,告知现场安全风险。告知内容应包括:风险(危险)源、安全生产要求、应急措施等。

由专职安全生产管理人员负责设立现场安全风险告知牌,并根据现场作业内容变化及时更新告知内容。

(3)专项施工方案实施时,应落实项目负责人轮流带班生产制度。

(4)专项施工方案实施时,施工单位应指定专人对专项施工方案实施情况进行现场监督和监测。施工单位总工程师应定期巡查专项施工方案的实施情况。

(5)对于按规定需要验收的危险性较大工程,施工、监理单位应组织有关人员进行验收。验收合格,经施工单位总工程师及监理单位总监理工程师签字同意后,方可进入下一道工序。

(6)监理单位应对专项施工方案进行全过程监理;对施工单位未按规定编制、论证、审查专项施工方案或落实安全生产条件的,监理单位应责令施工单位进行整改,整改完成后方可签发该工程(含分部分项工程)的开工报告。施工单位拒不整改的,监理单位应及时向建设单位报告。

监理单位在日常的安全管理中发现专项施工方案落实不到位的,应责令施工单位整改并立即采取有效的安全防护措施;发现有危及人身安全的紧急情况,应立即组织作业人员撤离危险区域;对不按专项施工方案实施的,应责令整改,施工单位拒不整改的,应及时向建设单位报告。

发生险情或事故的,施工单位应停止作业,及时启动响应程序,落实应急措施,防止事态恶化;险情解除或事故处理后,应对施工现场进行清理,全面核查安全生产条件,经有关部门同意后,方可恢复施工。

(7)监理单位应将危险性较大工程列入监理计划和安全监理细则,并针对工程特点、周边环境和施工工艺等,制定安全监理工作流程、方法和措施。

8.4 监理计划、安全监理细则

8.4.1 监理单位应在合同规定的期限内,根据工程项目安全生产管理策划方案和有关文件,编制监理计划。如无约定,监理计划一般应在监理合同签订之日起一个月内、召开第一次工地会议之前完成。监理计划应由总监理工程师主持编制,经监理企业技术负责人审核后,以文件形式报建设单位批准。当工程监理实施情况发生重大变化时,监理计划应及时修订。

8.4.2　监理计划包括下列主要安全监理内容:
(1)安全监理工作依据、内容、目标。
(2)安全监理机构的组织形式,监理人员安全岗位职责、安全监理人员和设备的配备和进退场计划。
(3)安全监理工作制度、监理程序和工作用表。
(4)安全监理工作方案。应包含初步认定的危险性较大工程一览表,初步认定的需复核安全许可或验收手续的大中型施工机械设备和安全设施一览表,初步选定的采用新材料、新技术、新工艺及特殊结构工程,防止生产安全事故的监督控制措施等内容,应明确安全巡视和验收等具体计划要求。

8.4.3　监理单位应根据经批准的监理计划,在危险性较大工程开工前编制安全监理细则。安全监理细则应由驻地监理工程师主持编制,并报总监理工程师审批。监理过程中,安全监理细则应根据工程实际变化情况进行补充、修改。

8.4.4　安全监理细则应包括下列主要内容:
(1)危险性较大工程的内容、特点和施工现场环境状况。
(2)安全监理工作流程。
(3)安全监理的检查和控制要点。
(4)安全监理工作方法和措施。
(5)安全巡视和验收等计划。

8.5　专控工序安全验收

8.5.1　专控工序定义

施工栈桥及平台、现浇支架、爬模及滑模、挂篮施工、架桥机安装及过孔(跨)、塔吊基础施工等需进行重点安全控制的施工工序,称为专控工序,应纳入安全验收范畴,按照工序验收程序完成施工单位自检及监理单位复检工作。

8.5.2　验收范围及使用表格

专控工序验收范围,见表8-2。
专控工序验收表,见附录3。

专控工序验收范围　　　　　　　　　　　　　　　表 8-2

序号	验收项目	验收工序	使用表格
1	施工栈桥及平台	施工栈桥及平台施工	施工栈桥及平台安全验收表
2	现浇支架	支架基础施工、支架搭设及预压	(1)现浇支架基础安全验收表； (2)现浇支架(满堂式)搭设安全验收表； (3)现浇支架(少支架式)搭设安全验收表
3	爬模、滑模工程	爬模、滑模安装及提升施工	(1)整体提升模板(滑模、爬模)安装安全验收表； (2)整体提升模板(滑模、爬模)提升前安全验收表； (3)整体提升模板(滑模、爬模)提升后安全验收表
4	挂篮施工	挂篮安装、前移施工	(1)挂篮安装安全验收表； (2)挂篮前移后安全验收表
5	架桥机	架桥机安装及过孔施工	架桥机安全验收表
6	塔吊	塔吊基础施工	塔式起重机固定基础安全验收表

8.5.3　验收程序

（1）施工过程中,施工单位总工程师应组织技术、设备物资部门对专控工序进行自检和监控,确保施工工序满足规定的技术、安全要求。

（2）每道专控工序完成后,施工单位应向专业监理工程师提交相应的自检资料,申请现场验收,经专业监理工程师验收合格后方可进入下一道工序；验收不合格的,不允许进入下道工序,专业监理工程师应要求施工单位限期整改,同时做好记录工作,整改完成并验收合格后方可进入下一道工序。

（3）监理工程师审查危险性较大工程交工申请时,应同时检查专控工序的安全验收资料,无安全验收资料的,不得签发交工证书,相关工程不得计量。

专控工序验收程序如图 8-1 所示。

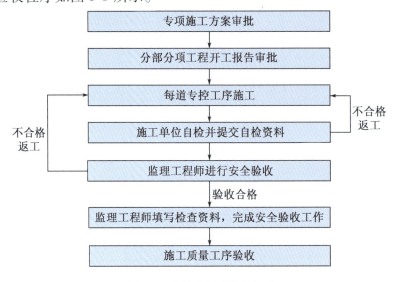

图 8-1　专控工序验收程序图

8.6 安全技术交底

8.6.1 安全技术交底

（1）施工单位应建立安全技术交底制度，明确交底通知书编制、交底实施、过程监督、台账记录等。

（2）施工单位应编制安全技术交底文件（安全技术交底通知书）。

安全技术交底文件应由施工单位总工程师组织工程技术、机械设备、安全生产等专业技术人员编制。安全技术交底文件要有针对性和可操作性，应根据工程特点、施工环境、施工工艺和程序、工法、机械设备、安全防护条件以及施工作业人员的安全意识和文明素质等工、料、机、环、法的不同特点采取客观、可行的方式进行编制。

（3）安全技术交底应包括下列主要内容：

①工程施工作业特点、风险（危险）源和危险因素分析。

②工程安全技术要点、主要防护设施设置及现场施工安全注意事项。

③施工作业人员应遵守的安全操作规程和规范。

④职业健康和环保要求。

⑤施工作业人员发现事故隐患应采取的措施和发生事故后应及时采取的躲避和急救措施。

（4）施工单位安全技术交底应按以下流程进行：当工程危险性较大或技术较复杂时，应分级交底。分部分项工程开工前，由施工单位总工程师（交底文件编制人）向参与施工的技术、管理人员以及班组长进行交底。再由施工技术人员或班组长向施工作业人员进行交底；当工程规模较小或施工技术较简单时，可由施工单位总工程师（交底文件编制人）直接向参与施工的技术、管理人员和作业人员进行交底。

班组班前会布置生产任务时，班组长应向本班作业人员强调当天作业的安全要求。

（5）安全技术交底应采用书面交底方式，交底双方应在交底记录上签字，不得代签，并保留相关的声像或影像资料作为辅助证明材料存档。

（6）出现现场施工方法、作业环境改变、作业队伍更换、停工周期较长等情况，应重新进行交底。

（7）危险性较大作业的安全技术交底应邀请监理单位派员参与。

（8）施工单位专职安全生产管理人员应全过程参与并监督安全技术交底工作。

（9）必要时，以现场模拟施工过程的方式进行安全技术交底。

8.6.2 班前危险预知

（1）施工班组每班的班前应开展班前危险预知活动，一般不少于5分钟。

（2）班前危险预知的主要内容：从人、机、料、法、环五个方面对照作业现场进行分析，说明当天作业内容和工作区域中可能存在的危险，当班工作中的安全防范措施和注意事项，施工现场发生危险或事故后的紧急避险和应急救助知识,手指口述当日施工过程中的安全作业要点、现场安全防护及应急处置要点、个人防护用品穿戴使用检查标准。

(3)班前危险预知应采用讲解、提问、答疑等方式进行,采用视频、照片或书面签字确认等形式进行记录。

(4)现场施工员应对班前危险预知活动进行现场指导、监督。

8.7 安全科技与信息化应用

8.7.1 鼓励施工单位使用先进的、安全性能可靠的新技术、新工艺、新设备和新材料,优先选购安全、高效、节能的先进设备,提升工程本质安全水平。

8.7.2 鼓励施工单位实行危险作业"机械化换人、自动化减人",提高机械化作业程度。

8.7.3 鼓励建设、监理、施工单位应用具有移动终端功能的安全管理系统,开展日常安全管理和风险(危险)源监控、隐患排查治理工作,提高管控效力。

8.7.4 鼓励施工单位应用信息化技术手段,开展劳动用工实名制管理,开展安全技能培训,推动一线施工作业人员职业化发展。

8.7.5 鼓励施工单位推行安全防护设备设施工具化、定型化、装配化,有效保证施工安全。

8.7.6 施工单位应在预制场、钢筋加工棚、拌和站安装现场视频监控系统。鼓励施工单位在梁板架设、挂篮施工、现浇施工、水上施工现场使用具有安全监控、量测、预警功能的技术设备,强化安全风险预控。

9 安全生产检查

9.1 一般规定

9.1.1 建设、监理、施工单位均应建立安全生产检查制度。

9.1.2 各类安全生产检查应依据有关法律法规、标准规范、政府及行业主管部门要求进行。

9.1.3 施工单位是事故隐患排查治理的责任主体,应做好本单位事故隐患排查治理工作和重大事故隐患清单管理。建设、监理单位应督促施工单位做好事故隐患的排查治理工作。

9.2 安全生产检查内容

工程项目安全生产检查的主要内容包括建设、监理、施工单位安全生产管理体系建立及运行情况(内业)、现场施工安全生产情况(外业)。检查具体内容见表9-1~表9-3。

9.3 安全生产检查方法

9.3.1 安全生产检查可采取以下方式进行:查阅文件、记录、台账、报表等资料;召开座谈;询问与核查;书面考试;现场检查;检验检测等。其中施工作业人员教育培训成效检查应采取询问与核查、书面考试等方式。

9.3.2 施工单位应配备专用车辆,用于日常安全生产巡查。

9.4 安全生产检查类型

工程项目安全生产检查的主要类型包括开(复)工安全生产检查、定期安全生产检查、不定期安全生产检查、日常安全生产检查(巡查)。

9.4.1 开(复)工安全生产检查

开工安全生产检查主要包括工程项目开工前安全生产条件核查和分项工程开工前安全生产条件核查。建设、监理单位应将开工前安全生产条件核查作为合同段开工的前置条件,应将分项工程开工前安全生产条件核查作为分项工程开工的前置条件。

复工安全生产检查主要包括停工令后复工、"春节"停工后复工和极端天气停工后复工等的检查。

表 9-1

建设单位安全生产检查一览表

序号	检查类型	组织方式			频率（范围）	检查范围和内容	备注
		组织参加	参与	检查对象			
1	开工前安全生产条件核查	建设单位项目负责人	工程、安全、合约部门	监理单位、施工单位	合同段开工前，监理单位100%核查，施工单位抽查	开工应具备的安全生产条件	形成核查记录
2	定期检查（"平安工地"建设评价）	建设单位项目负责人（每年不少于2次）或分管安全生产负责人	安全、工程、合约部门	监理单位	每季度不少于1次，检查各总监办	安全监理体系建立及运行情况等	形成检查记录和通报
			安全、工程、合约部门、监理单位	施工单位	每季度不少于1次，检查各合同段	安全生产管理体系建立和运行情况（内业）、施工现场安全生产情况（外业）等	
3	不定期检查（专项、季节性检查等）	各分管负责人（依据"一岗双责"，对分管范围内的安全生产工作进行检查）	相关部门人员、监理单位	施工单位	每年不少于1次	根据工程进度和工程实际确定检查内容，其中安全生产费用专项检查为必检	形成检查记录和通报
		安全管理部门（专职安全生产管理人员）		施工单位	根据工程实际开展	施工现场安全生产情况	形成检查记录
4	日常检查	工程管理部门（工程管理人员）		施工单位	工程巡查时同步开展安全巡查	施工现场安全生产情况、施工方案落实情况等	形成相关记录

表 9-2

监理单位安全生产检查一览表

序号	检查类型		组织方式			频率(范围)	检查内容	备注
			组织	参与	检查对象			
1	开(复)工前安全检查	开工前安全生产条件核查	总监理工程师	安全监理工程师、驻地办	施工单位	合同段开工前	合同段开工安全生产条件	形成核查记录
		分项工程开工前安全生产条件核查	总监理工程师或驻地监理工程师	专业监理工程师、安全监理工程师	施工单位	分项工程开工前	分项工程开工前安全生产条件	形成核查记录
		复工检查	总监理工程师或驻地监理工程师	安全监理工程师、专业监理工程师	施工单位	复工前	复工安全生产条件	形成检查记录
2	定期检查		总监安全生产分管副总监理工程师	工程、安全部门负责人、安全监理工程师、驻地监理工程师	施工单位	每月1次,检查所有合同段	施工单位安全生产管理体系建立和运行情况(内业)、施工现场安全生产情况、事故隐患整改情况(外业)等	形成检查记录和通报,隐患督促整改台账
3	专控工序安全验收		专业监理工程师		施工单位	专控工序开始施工前	工序交接安全验收检查,内容见附录3	形成验收记录,未通过不得进入下一道工序
4	日常检查(巡视)		专业监理工程师		施工单位	施工的主要工程每日不少于1次	施工现场安全生产情况(外业)、重点检查人员、设备、施工安全生产措施与批准事项是否一致	形成巡视记录,发现隐患形成指令,有关情况形成报总监办
			安全监理工程师		施工单位	每周抽查10%的施工作业点	施工现场安全生产(外业)	形成安全监理日志

43

施工单位安全生产检查(隐患排查)一览表

表 9-3

序号	检查(排查)类型		组织方式			检查对象	频率(范围)	检查(排查)内容	备注
			组织	参与					
1	开(复)工前安全检查	开工自检	项目经理或项目总工程师	工程、合约、设备物资、安全部门	自检		项目开工前	开工安全生产条件	形成核查记录
		分项工程开工自检	项目经理或项目总工程师	工程、合约、设备物资、安全部门	自检		分项工程开工前	分项工程开工安全生产条件	形成核查记录
		复工检查	项目经理或项目总工程师	工程、合约、设备物资、安全部门	自检		复工前	复工安全生产条件	形成检查记录
2	定期检查(隐患排查)		项目经理	工程、合约、设备物资、安全部门	自检		每月不少于1次,全面排查	所有作业场所、作业点、作业环境、作业人员与设备、作业活动的事故隐患排查	形成排查记录和事故隐患排查治理台账
3	不定期检查(专项、季节性检查等)		工程、合约、设备物资、安全部门负责人	部门相关人员、安全部门相关人员	自检		每个部门每年不少于1次	根据工程实际确定检查内容。其中专业分包、劳务合作单位安全履约检查为必检	形成记录
4	重大事故隐患排查		项目经理	工程、合约、设备物资、安全部门	自检		每周1次	按重大事故隐患基础清单进行排查	形成记录
			专职安全生产管理人员		自检		每日,检查责任范围内不少于50%的施工作业点	施工现场安全生产情况,施工现场隐患排查(外业)	形成施工安全日志,一人一本
			施工技术人员		自检		每日	现场检查生产、进度、质量、技术的同时进行施工现场安全生产情况、施工现场隐患排查和施工现场隐患排查情况(外业)	形成施工日志
5	日常检查(隐患排查)		班组长	班组安全协管员	自检		每班班前、班中、班后	施工人员安全作业情况(外业)	形成记录或影像资料

9.4.2 定期安全生产检查

定期安全生产检查主要包括月度检查、季度检查、年度检查等。建设、监理、施工单位应结合定期检查,开展"平安工地"建设评价。定期安全生产检查一般由各单位负责人组织开展。

9.4.3 不定期安全生产检查

不定期安全生产检查主要包括专项安全生产检查、季节性安全生产检查。专项安全生产检查是针对某项专业或某种事故隐患而开展的安全生产检查。如"特种设备安全生产检查""落实施工方案专项行动"等。季节性安全生产检查是为了防止或避免气候变化对安全生产带来的不利影响而开展的专门检查,如"防台风"安全生产检查。专业性安全生产检查和季节性安全生产检查一般由建设、监理、施工单位各分管负责人组织开展。

9.4.4 日常安全生产检查(巡查)

日常安全生产检查主要包括建设、监理、施工单位专职安全生产管理人员在施工现场进行的巡查检查;建设单位工程技术管理人员、专业监理工程师、施工单位工程技术、设备物资等部门人员在现场检查生产、进度、质量、技术的同时进行的安全生产巡查;班组长和班组安全协管员进行的班前、班中与班后的安全生产检查和隐患排查。

9.5 安全生产检查频率及组织要求

9.5.1 建设单位安全生产检查(隐患排查),见表9-1。

9.5.2 监理单位安全生产检查(隐患排查),见表9-2。

9.5.3 施工单位安全生产检查(隐患排查),见表9-3。

9.6 安全生产检查(事故隐患)整改程序

安全生产检查(事故隐患)整改程序一般包括:整改通知—隐患整改—整改回复—复查验证—建立台账—统计分析—持续改进7个环节。

9.6.1 整改通知

建设、监理、施工单位的安全生产检查情况应形成记录。检查人员在安全生产检查中发现违章指挥、违章作业行为的,应责令其立即停止作业,并督促整改。

检查人员在安全生产检查中发现事故隐患的,能立即整改的应立即整改,不能立即整改的应下发隐患整改通知或监理指令,明确整改责任主体、整改要求、整改期限,必要时附事故隐患图片,发送受检单位负责人,要求受检单位整改,并履行双方签名手续。情节严重的,应立即下达工程暂停令,并及时报告。

9.6.2 隐患整改

受检单位收到隐患整改通知或监理指令后,应按要求开展隐患整改,做到隐患整改五落实,即"方案落实、措施落实、资金落实、进度落实、责任落实",按时完成整改。

在事故隐患整改过程中,隐患整改责任单位应采取相应的安全防范措施,防止事故发生。隐患排除前或者排除过程中无法保证安全的,应撤出危险区域内作业人员、疏散可能危及的其他人员,并设置警戒标志,暂时停产、停工,直至整改完成。

对于重大事故隐患,应制订并实施隐患治理方案,限期进行整改。

9.6.3 整改回复

隐患整改完成后,受检单位应以书面形式向检查单位报送隐患整改回复(附事故隐患整改完成后图片)。

9.6.4 复查验证

检查单位应按期复查隐患整改情况,合格后方可销号,复查情况应形成文字记录,并留存隐患整改完成后图片。

9.6.5 建立台账

建设、监理、施工单位应指定专人,对各类安全生产检查(隐患排查)发现的事故隐患进行汇总,建立台账,动态更新隐患整改完成情况。对未按时完成整改的隐患,应列为重点,持续跟进,直至完成整改。施工单位隐患排查治理情况应定期向从业人员通报。

9.6.6 统计分析

施工单位应按季度对本单位隐患排查和安全检查发现的事故隐患进行统计、分析,分析隐患产生的原因,查找安全生产管理体系中存在的缺陷,提出改进措施,形成事故隐患分析表和安全生产工作改进报告,报监理单位审查。监理单位应对施工单位安全生产工作改进措施落实情况进行监督。

监理单位应按季度对安全检查和监理过程发现的事故隐患进行统计、分析,分析隐患产生的原因,查找安全监理体系中存在的缺陷,形成事故隐患分析表和安全监理工作改进报告,报建设单位审查。对不落实改进措施反复出现同类隐患的,应向建设单位报告,由建设单位按合同约定对施工单位进行责任追究。

9.6.7 持续改进

建设单位应结合季度安全生产检查,检查监理单位对施工单位事故隐患的督促整改情况、对施工单位安全生产工作改进措施的落实进行监督的情况。出现下列情况的,应按合同约定对监理单位进行责任追究:施工单位存在事故隐患而监理单位未发现或发现后未跟踪落实的,施工单位不落实改进措施反复出现同类隐患而未报告建设单位的。

9.7 重大事故隐患管理

9.7.1 在施工过程中,可能导致发生重大及以上等级生产安全事故的环境或物的不安全状态、人的不安全行为及管理存在的缺陷,应纳入重大事故隐患清单管理。

9.7.2 施工单位在工程项目开工前,依据工程实际及设计、施工阶段安全风险评估情况,参照广东省公路工程重大事故隐患地方基础清单(表9-4),制定工程项目重大事故隐患基础清单(以下简称"重大事故隐患清单"),重大事故隐患清单附件应包括危险性较大工程及需组织专家论证审查的工程一览表。施工单位项目经理应组织相关部门人员对重大事故隐患清单进行评审,并根据审查意见修改,完善后报监理单位审查,通过后由项目经理发布,并报施工企业及工程项目监理单位、建设单位备案。

广东省公路工程重大事故隐患地方基础清单　　　　表9-4

工程类别	施工环节	隐患编号	隐患内容	易引发事故类型	判定依据
工程管理	方案管理	GG-001-1	未按规定编制或未按程序审批危险性较大工程或新工艺、新工法的专项施工方案	坍塌等	JTG F90—3.0.2
		GG-001-2	超过一定规模的危险性较大工程的专项施工方案未组织专家论证、审查	坍塌等	JTG F90—3.0.2
		GG-001-3	未按审批的专项施工方案施工	坍塌等	JTG F90—3.0.2
辅助施工	工地建设	GF-001-1	施工驻地及场站设置在滑坡、塌方、泥石流、崩塌、落石、洪水等危险区域	坍塌	JTG F90—3.0.8、4.1.1
		GF-001-2	施工驻地(宿舍区)与大型高耸设备、高压线、集中爆破区的安全距离不满足要求,且未经过审批的专项设计方案。(对于高耸设备须在其倾覆范围外,高压线根据其电压高低安全距离不一样,集中爆破区安全距离为500m)	坍塌	JTG F90—4.1.2
		GF-002	施工现场、生产区、生活区、办公区等防火或存在严重缺陷的临时用电未按规范实施	火灾	JTG F90—4.1.3、4.4
	围堰施工	GF-003-1	未按设计或方案要求施工围堰	坍塌	JTG/T F50—12.2.1、12.2.2、13.3.4、13.3.8
		GF-003-2	未定期开展围堰监测监控,工况发生变化时未及时采取措施	坍塌	77号文件第八点
		GF-004	碰撞、随意拆除、擅自削弱围堰内部支撑杆件或在其上堆放重物	坍塌	77号文件第六点

续上表

工程类别	施工环节	隐患编号	隐患内容	易引发事故类型	判定依据
辅助施工	围堰施工	GF-005-1	土石围堰无防排水和防汛措施	淹溺	JTG F90—8.7
		GF-005-2	钢围堰无防撞措施	坍塌	77号文件
		GF-005-3	侧壁随意驻泊施工船舶	淹溺	JTG F90—5.8.22
	挂篮施工	GF-006-1	采用挂篮法施工未平衡浇筑	坍塌	JTG/T F50—16.5.4
		GF-006-2	挂篮拼装后未预压、锚固不规范	坍塌	JTG/T F50—16.5.1
		GF-006-3	混凝土强度未达到要求或恶劣天气移动挂篮	坍塌	JTG F90—8.11.4；JTG/T F50—16.5.1
通用作业	（大型）模板作业	GT-001-1	未按规范或方案要求安装或拆除模板[包括翻模、爬(滑)模、移动模架等]	坍塌	JTG F90—5.2.13、5.2.14、8.9.4、8.9.5、8.11.2；JTG/T F50—5.3、5.5
		GT-001-2	各类模板使用的螺栓及对拉杆安装数量不足	坍塌	JTG F90—5.2.13
	支架作业	GT-002-1	未处置支架基础	坍塌	JTG F90—5.2.3、5.2.5
		GT-002-2	支架未按规范或方案要求搭设、预压、验收及拆除	坍塌	JTG F90—5.2.1、5.2.7、8.11.1；JTG/T F50—5.4、5.5
	支架作业	GT-003	支架搭设使用无产品合格证、未经检验或检验不合格的管材、构件	坍塌	JTG F90—5.2.4、5.2.6
	特种设备设施作业	GT-004	使用未经检验或验收不合格的起重机械	起重伤害	JTG F90—5.6.1、5.6.9
		GT-005	未按规范或方案要求安装拆除桥式、臂架式或缆索式等起重机械	起重伤害	JTG F90—5.6.1、5.6.9、5.6.16
		GT-006	使用吊车、塔吊等起重机械吊运人员	高空坠落	JTG F90—5.6.17
		GT-007-3	架桥机轨道支垫过高(4层)、未调平	坍塌	JTG F90—8.11.3
	跨路施工	GT-008-1	未按规定办理跨线施工、交通管制的相关施工许可手续	交通事故、高空坠落	JTG F90—10.1.1；JTG/T F50—16.5.4

9 安全生产检查

续上表

工程类别	施工环节	隐患编号	隐患内容	易引发事故类型	判定依据
通用作业	跨路施工	GT-008-2	未按规定设置限高、限宽、限速、防撞、防护棚等交通安全设施	坍塌等	JTG F90—10.1.2、11.1.2
	临近高压线施工	GT-009	施工机械及施工脚手架、支架、桥面挂篮等设备设施与高压电线安全距离不足，且无专职安全员于现场管理	触电	JTG F90—5.6.14
	栈桥和水中平台	GT-011-1	栈桥未按规范或方案要求搭设、验收	坍塌	JTG F90—4.3.4
路基工程	高边坡施工	GL-001	含岩堆、松散岩石或滑坡地段的高边坡开挖、排险、防护措施不足	坍塌	JTG F90—6.8.1、6.8.2
	爆破施工	GL-002	未设置警戒区；爆破后未排险立即施工	爆炸	JTG F90—5.10
路面工程	改扩建、路面大修施工	GL-003	未办理施工许可手续，且边通行边施工，警示、防护措施严重不足	交通事故	JTG F90—10.1.1、10.1.2、11.1.2
桥梁工程	深基坑施工	GQ-001-1	深基坑施工防护措施不足	坍塌	JTG F90—8.8.4
		GQ-001-2	无施工监测措施	坍塌	JTG F90—8.8.4
		GQ-001-3	基坑边缘违规堆放重物（砂、土、石及其他资料）或停放重型设备	坍塌	JTG F90—8.8.4
	(40m以上)高墩柱及盖梁施工	GQ-002	桥墩柱及盖梁施工未搭设施工作业平台及安全爬梯	坍塌、高处坠落	JTG F90—5.7.10、8.9.2
	梁板施工	GQ-003	梁板安装未采取防倾覆措施	坍塌	JTG F90—8.11.3
	拱桥施工	GQ-004-1	拱架支撑体系搭设、拆除不规范	坍塌	JTG F90—8.12.2；JTG/T F50—15.2.2、15.2.3
		GQ-004-2	拱圈施工工序、工艺或资料不符合规范	坍塌	JTG/T F50—15.2.2、15.3
	大跨径桥梁（悬索桥、斜拉桥）施工	GQ-005-1	索鞍吊装施工的起重装置不符合要求，起重支架未做荷载试验	坍塌	JTG F90—8.14.5
		GQ-005-2	猫道施工不符合要求	高空坠落	JTG F90—8.14.6

续上表

工程类别	施工环节	隐患编号	隐患内容	易引发事故类型	判定依据
桥梁工程	大跨径桥梁（悬索桥、斜拉桥）施工	GQ-005-3	索塔横梁及塔身合龙段支架系统、作业平台防护不足	坍塌、高空坠落	JTG F90—8.13.2
		GQ-005-4	主梁施工未按专项施工方案开展	坍塌	JTG F90—8.13.3；JTG/T F50—17.3
隧道工程	洞口边、仰坡施工	GS-001-1	雨季边、仰坡施工排险、防护措施不足	坍塌	JTG F90—9.2.5；JTG F60—5.1.1、5.1.4；JTG/T F60—5.1.3
		GS-001-2	边、仰坡开挖未施做排水系统	坍塌	JTG/F60—5.1.7
		GS-002	含岩堆、松散岩石或滑坡地段的边坡开挖、排险、防护措施不足	坍塌	JTG F90—9.2.5；JTG F60—16.7、16.8；JTG/T F60—15.7、15.8
		GS-003	雨季，浅埋或地表径流地段未开展地表监测	坍塌	JTG F90—9.2.8；JTG F60—5.1.8
	洞内施工	GS-004	未按规范或方案要求开展超前地质预报、监控量测	坍塌	JTG F90—9.17；JTG F60—10.2；JTG/T F60—9.2、10.2；104号文件
		GS-005-1	开挖方法不符合设计或方案要求	坍塌	JTG F90—9.3；104号文件
		GS-005-2	开挖前未对掌子面及其临近的拱顶、拱腰围岩进行排险	坍塌	JTG F90—9.3
		GS-006-1	未按规范或方案要求初喷及支护	坍塌	JTG F90—9.5、9.6；104号文件
		GS-006-2	拱架、锚杆等材质不符合设计要求	坍塌	JTG F90—9.5
		GS-007-1	仰拱一次开挖长度不符合方案要求	坍塌	104号文件
		GS-007-2	Ⅲ级围岩仰拱距掌子面的距离大于90m；Ⅳ级围岩仰拱距掌子面的距离大于50m；Ⅴ级及以上围岩仰拱距掌子面的距离大于40m	坍塌	JTG F90—9.3.13

续上表

工程类别	施工环节	隐患编号	隐患内容	易引发事故类型	判定依据
隧道工程	洞内施工	GS-007-3	仰拱拱架未闭合	坍塌	JTG F90—9.5.4
		GS-008	软弱围岩及不良地质隧道的二次衬砌未及时施作，Ⅳ级围岩二次衬砌距掌子面的距离大于90m，Ⅴ级及以上围岩二次衬砌距掌子面的距离大于70m	坍塌	JTG F90—9.6.1
隧道工程	瓦斯隧道施工	GS-009	工区任意位置瓦斯浓度达到限值；瓦斯检测与防爆设施不符合方案要求	瓦斯爆炸	JTG F90—9.11.8、9.11.10；JTG F60—16.6.6、16.6.7
	防火防爆	GS-010	隧道内土工布、防水板等易燃资料存在火灾隐患	火灾	JTG F90—9.1.17
		GS-011	隧道内存放、加工、销毁民用爆炸物品；使用非专用车辆运输民用爆炸物品或人药混装运输	爆炸	JTG F90—9.1.17；104号文件

注:1. JTG F90:《公路工程施工安全技术规范》(JTG F90—2015)。
2. JTG/T F50:《公路桥涵施工技术规范》(JTG/T F50—2011)。
3. JTG F60:《公路隧道施工技术规范》(JTG F60—2009)。
4. JTG/T F60:《公路隧道施工技术细则》(JTG/T F60—2009)。
5. 77号文件:交通运输部办公厅关于转发重庆市交通委员会关于加强桥梁工程双壁钢围堰施工安全管理工作的通知(交办安监〔2015〕77号)。
6. 104号文件:国家安全监管总局、交通运输部、国务院国资委、国家铁路局关于印发《隧道施工安全九条规定》的通知(安监总管二〔2014〕104号)。

9.7.3 施工单位应加强重大事故隐患清单的动态管理工作，每季度根据工程建设实际施工情况，对重大事故隐患清单进行梳理。当工程建设条件、施工环境、施工作业内容等发生变化时，施工单位应对重大事故隐患清单及时调整，经审核通过后重新备案。

9.7.4 施工单位应针对重大事故隐患清单制定相应的预控措施。同时将重大事故隐患清单纳入岗前教育培训，并在相应作业区域公示。

9.7.5 建设过程中，施工单位应对照重大事故隐患清单每周开展重大事故隐患排查，当发现存在重大事故隐患时，应停止作业，同时向监理、建设单位报告，并根据发现的重大事故隐患建立治理台账，制订并实施重大事故隐患治理方案。治理方案应包括以下内容：治理目标、任务、采取的方法和措施、经费和物资的落实、治理责任人(项目经理)、治理时限和要求、安全措施和应急预案。隐患治理完成并通过复查验收后，由治理责任人、复查人员签认，并将治理台账存档。

9.7.6 建设、监理单位应对施工单位的重大事故隐患清单管理、重大事故隐患排查和治理工作进行检查，并对施工现场安全生产管理情况进行检查。检查结果纳入"平安工地"建设评价。

（1）监理单位应结合月度安全生产检查，每月对施工单位重大事故隐患清单日常管理工作进行检查。监理单位对照施工单位的重大事故隐患清单开展检查工作，当发现存在重大事故隐患时应及时责令施工单位停止相关作业并进行治理，严格审查重大事故隐患治理方案，并对治理过程予以检查和复查验收。施工单位治理不到位，或重大事故隐患可能产生严重后果的，监理单位应及时向建设单位报告。监理单位应定期对检查发现的重大事故隐患进行汇总，统计分析，并将结果报建设单位。

（2）建设单位应结合季度安全生产检查，根据监理单位检查情况对施工单位重大事故隐患清单管理工作和施工现场的重点部位进行检查。当发现施工单位未开展重大事故隐患清单管理工作，或者存在重大事故隐患时，建设单位应责令施工单位进行整改，并按照合同约定或项目安全生产奖惩制度对施工、监理单位进行处罚。施工单位拒不整改或未按要求完成整改的，应及时约谈施工企业，要求其限期消除重大事故隐患；必要时可向交通运输主管部门和质量安全监管机构报告，按信用评价管理办法的相关规定进行扣分处理，并按合同约定进行责任追究。

9.8 安全生产检查结果应用

建设、监理单位应通过定期安全生产检查，开展"平安工地"建设评价。建设、监理单位应将日常、不定期安全生产检查结果、重大事故隐患排查治理结果纳入"平安工地"建设评价，在"平安工地"建设评价标准中明确扣分标准或设定相应权重。

10 安全生产应急管理

10.1 一般规定

10.1.1 工程项目安全生产应急管理应遵循"以人为本、居安思危、预防为主"的原则。

10.1.2 建设、施工单位应根据工程项目施工的特点、范围,编制应急预案。监理单位应做好施工单位应急预案的审查工作。

10.1.3 施工单位应建立应急救援队伍,配备相应应急救援人员。应配备必要的应急救援器材、机械设备,并定期组织演练。

10.2 应急预案

10.2.1 项目应急预案体系

(1)建设单位综合应急预案:建设单位应根据工程项目建设条件、自然环境、工程特点和风险特征等,制订工程项目生产安全事故综合应急预案。

(2)施工单位应急预案:施工单位应根据建设单位综合应急预案,编制本合同段生产安全事故综合应急预案、专项应急预案、现场处置方案、应急处置卡。

①综合应急预案:施工单位应根据工程特点,编制合同段生产安全事故综合应急预案,作为应对各种生产安全事故的综合性工作方案。施工单位综合应急预案应与建设单位综合应急预案相衔接。

②专项应急预案:施工单位可在风险(危险)源辨识和风险评估基础上,结合施工工艺、地质、水文和气候等实际情况,编制桥梁、隧道、高边坡施工等专项应急预案。

施工单位应根据专项风险评估规定和评估结果,对专项风险等级在Ⅲ级(高度风险)及以上的施工作业活动(施工区段),分类编制相应专项应急预案,明确重大风险(危险)源的监测、控制、预警和应急处置措施等。

③现场处置方案:施工单位应根据不同的生产安全事故类别,针对具体的作业、装置或设施所制定的现场处置方案。

④应急处置卡:施工单位应在编制应急预案的基础上,结合作业场所、岗位特点,编制简明、实用、有效的应急处置卡。应急处置卡应规定重点岗位、人员的应急处置程序和措施,以及相关联络人员和联系方式,便于施工作业人员携带。

施工单位应急预案应由施工单位分管安全生产副经理和总工程师组织编写,报监理单位审批后,抄送建设单位。

10.2.2 应急预案内容

(1)综合应急预案应包括应急组织机构及其职责、应急预案体系、事故风险描述、预警及信息报告、应急响应、保障措施、应急预案管理等内容。

(2)专项应急预案应包括应急指挥机构与职责、处置程序和措施等内容。

(3)现场处置方案应包括应急工作职责、应急处置措施和注意事项等内容。

(4)应急预案应包括应急组织机构和人员的联系方式、应急物资储备清单等附件信息。附件信息发生变化时,应及时更新,确保准确有效。

建设、施工单位应急预案编制的具体要求应参照《生产经营单位生产安全事故应急预案编制导则》《公路水运工程生产安全事故应急预案》执行。

10.2.3 应急预案实施

(1)应急预案经评审或论证后,应由建设、施工单位负责人签署发布,并及时印发本单位有关部门、岗位和相关应急救援队伍。其中,建设单位的综合应急预案应在工程项目开工前发布,并及时印发各监理、施工单位。施工单位的应急预案应在工程实施前发布。施工单位的现场处置方案、岗位应急处置卡应在施工前以书面形式发送至岗位作业人员,并履行签字手续。

(2)建设、施工单位应急预案的备案应参照属地相关规定执行。

(3)建设、施工单位应将应急预案的培训纳入安全生产教育培训工作计划,开展应急预案、应急知识、自救互救和避险逃生技能的教育培训活动,使有关人员了解应急预案内容,熟悉应急职责、应急处置程序和措施。应急培训的时间、地点、内容、师资、参加人员和考核结果等情况应如实记入本单位的安全生产教育培训档案。

(4)建设单位应建立工程项目应急物资、设备储备清单,统筹调配建设、监理、施工单位应急资源。

(5)建设单位应负责联络工程项目所在地的气象、水利、地质等相关部门,及时获得预警信息,并应及时通报施工单位和监理单位。施工、监理单位应有专人负责接收工程项目建设方、气象等机构和部门公开发布的预警信息。

10.3 应急演练

10.3.1 应急演练可采取桌面演练、实战演练等形式进行。

10.3.2 建设单位至少应每年组织一次项目综合应急预案演练;施工单位至少应每年组织一次综合或专项应急预案演练,至少应每半年组织一次现场处置方案演练。监理单位应督促施工单位编制应急演练计划,并参与应急演练。

10.3.3 应急演练结束后,组织单位应对应急演练效果进行评估,撰写应急演练评估报告,分析存在的问题,并对应急预案提出修订意见。

11 生产安全事故管理

11.1 生产安全事故等级

11.1.1 根据国务院《生产安全事故报告和调查处理条例》规定,按照生产安全事故造成的人员伤亡或者直接经济损失,事故分为以下等级:

(1)特别重大事故,是指造成30人以上死亡,或者100人以上重伤(包括急性工业中毒,下同),或者1亿元以上直接经济损失的事故。

(2)重大事故,是指造成10人以上30人以下死亡,或者50人以上100人以下重伤,或者5000万元以上1亿元以下直接经济损失的事故。

(3)较大事故,是指造成3人以上10人以下死亡,或者10人以上50人以下重伤,或者1000万元以上5000万元以下直接经济损失的事故。

(4)一般事故,是指造成3人以下死亡,或者10人以下重伤,或者1000万元以下直接经济损失的事故。

11.1.2 本条所称的"以上"包括本数,所称的"以下"不包括本数。

11.2 生产安全事故报告

11.2.1 事故发生后,事故现场有关人员应立即向本单位负责人报告;单位负责人接到报告后,应于1h内向事故发生地县级以上人民政府安全生产监督管理部门和负有安全生产监督管理职责的有关部门报告。情况紧急时,事故现场有关人员可直接向事故发生地县级以上人民政府安全生产监督管理部门和负有安全生产监督管理职责的有关部门报告。

11.2.2 事故发生后,施工单位还应立即报告监理单位和建设单位,建设单位接到报告后,应向事故发生地交通运输主管部门报告。

11.2.3 事故报告的主要内容如下:

(1)事故发生的简要概况。
(2)事故发生的时间、地点以及现场情况。
(3)事故的简要经过和当前状态。
(4)事故已经造成或者可能造成的伤亡人数(包括下落不明的人数),以及初步估计的直接经济损失。
(5)已经采取的控制措施。
(6)对事态发展的初步评估(如果有)。

(7)报告人(或单位)姓名(或名称)、联系方式。

(8)其他应报告的情况。

11.2.4 事故发生后,事发单位和人员应迅速启动应急预案,进行先期处置,减少人员伤亡,防止事故扩大;组织救援时,应妥善保护事故现场和相关证据,任何单位和个人不得破坏事故现场、毁灭证据;因抢救人员、防止事故扩大以及疏通交通等原因,需要移动事故现场物件的,应做出标志,绘制现场简图,并做出书面记录,妥善保存现场重要痕迹、物证。事故调查处置期间,施工单位项目主要负责人不得擅离职守。

11.2.5 事故发生 24h 内,应形成书面报告并上报。事故报告后出现新情况的,应及时补报。自事故发生之日起 30 日内,事故造成的伤亡人数发生变化的,应及时补报;道路交通事故、火灾事故自发生之日起 7 日内,事故造成的伤亡人数发生变化的,应及时补报。

12 安全生产内业资料管理

12.1 一般规定

12.1.1 安全生产内业资料是指工程项目建设过程中,建设、监理、施工单位在安全生产工作过程中形成的具有保存和利用价值的文字、图表、声像以及电子文档等不同形式载体的记录。安全生产内业资料管理应遵循完整、全面、真实、归档及时的原则,随工程进度同步收集、整理和保存,做到分类科学,组卷合理,目录规范,排列有序,美观整齐。

12.1.2 建设、监理、施工单位安全生产内业资料应按照规定的管理类别进行归档,按照"谁办理、谁整理、谁归档"的原则进行保管。根据"一岗双责"的要求,建设、监理、施工单位安全生产管理部门和相关职能部门,应指定人员负责本部门职责范围内安全生产内业资料管理工作,按年度收集、整理、归档和保管在工程项目建设过程中形成的安全生产内业资料,每年3月完成上一年度安全生产内业资料的归档。

12.1.3 安全生产内业资料应按照规定的编号进行归档。编号由安全代码、单位代码、归档属类、归档年度和卷号组成(见附录4.1)。安全生产内业资料组卷参照档案要求编制,包括卷内目录(见附录4.2)、卷内封面(见附录4.3)、卷内封底(见附录4.4)。卷内文件资料可用阿拉伯数字进行编页打码(文件资料正面右侧页脚和背面左侧页脚进行打码,汇编成册资料不需打码)。

12.1.4 安全生产内业资料文件盒宜采用浅蓝色塑料盒或无酸纸档案盒。盒背脊需标明"归档属类名称",已完成归档的还应注明归档编号(见附录4.5)。根据归档名称组卷,归档属类相同的卷内资料可放入同一个盒子,也可根据实际情况,同一归档属类资料设多个文件盒。

12.1.5 安全生产内业资料管理应与工程建设同步,收集时间至缺陷责任期结束,并有效保存至竣工验收之日后三年(生产安全事故资料应长期保存)。部分安全生产管理文件应按要求纳入竣工资料中长期保存,各职能部门资料归档另有规定的应按其规定执行。

12.2 归档范围及要求

12.2.1 建设单位归档范围及要求见表12-1。

建设单位安全生产内业资料归档范围及要求　　　　　　表 12-1

属类(大类)	内　　容	归档部门
安全生产组织机构及人员	安全生产组织机构图、组织机构成立相关文件	安全部门
	管理人员名册、各岗位职责资料	综合部门
	主要负责人、安全生产管理人员台账及相关资格材料	安全部门
安全生产责任制及考核	工程项目安全生产目标	安全部门
	工程项目安全生产管理策划方案及年度安全生产工作计划、总结等资料	安全部门
	安全生产责任书	安全部门
	安全生产责任制考核奖惩资料	安全部门
安全生产制度	适用的法律法规汇编等资料	安全部门
	安全生产制度汇编、发文、宣贯等资料	安全部门
安全风险评估与预控	各类经济合同(有安全生产内容的)、安全合同	合约部门
	工程项目各类安全风险评估台账	工程、安全部门
	工程项目各类安全风险评估资料	工程、安全部门
安全生产会议	安全例会纪要及相关资料,安全生产其他专题会议纪要及相关资料	安全部门
安全生产费用管理	施工单位安全生产费用清单、计划等资料	合约、安全部门
	施工单位安全生产费用计量支付台账,申报、审批、支付凭证等资料	合约、安全部门
	本单位内部安全生产费用使用资料	安全、综合部门
安全教育培训	安全教育培训计划	安全部门
	内部安全教育培训资料	各部门
	建设单位对监理、施工单位培训资料	安全部门
安全技术管理	施工组织设计(安全技术措施)和危险性较大工程专项施工方案报备资料	工程、安全部门
安全生产检查	安全生产定期检查、不定期检查等检查通报及整改回复文件	各部门
	安全日常检查和整改记录	各部门
	上级有关部门的安全生产检查通报或整改回复文件	安全部门
生产安全事故管理	生产安全事故台账及相关报表	安全部门
安全生产应急管理	工程项目综合应急预案、本单位内部应急预案及报备资料	各部门
	应急预案演练方案、记录、评估等资料	各部门
	施工单位应急预案报备资料	安全部门
"平安工地"建设评价	工程项目"平安工地"建设活动方案及相关要求资料	安全部门
	开工前安全生产条件核查资料	安全部门
	建设单位自评资料	安全部门
	建设单位对监理、施工单位定期评价资料(含评价通知、结果通报及存在问题的整改回复资料)	安全部门
	其他法律法规规定的资料	安全部门

12.2.2 监理单位归档范围及要求见表12-2。

监理单位安全生产内业资料归档范围及要求　　　　表12-2

属类(大类)	内　　容	归档部门
安全生产组织机构及人员	安全生产组织机构图、组织机构成立相关文件	安全部门
	监理人员名册、各岗位职责资料	综合部门
	主要负责人及安全生产管理人员台账及相关资格资料、监理人员调换与进退场报批文件	安全部门
安全生产责任制及考核	本单位安全生产目标	安全部门
	安全生产责任书	安全部门
	安全生产责任制考核奖惩资料	安全部门
安全生产制度	监理计(规)划及报批文件	安全部门
	安全监理细则及报批文件	安全部门
	安全生产制度及报批文件	安全部门
	(试验)操作规程汇编	中心试验室
安全生产会议	安全例会纪要及相关资料,安全生产其他专题会议纪要及相关资料	安全部门
安全风险评估与预控	各类经济合同(有安全生产内容的)、安全合同	合同部
	所监理合同段安全风险评估台账及审批资料	安全部门
安全生产条件核查	施工单位安全生产许可证等资质台账及资料	安全部门
	审核施工单位安全体系资料(含"三类人员"台账及相关资格资料)	安全部门
	审核特种作业人员进场资料,审查特种作业人员月度统计表等资料	安全部门、驻地办
	审核特种设备使用资料,审查特种设备月度统计表等资料	安全部门、驻地办
安全生产费用审查	审核安全生产费用使用计划资料	合约、安全部门
	审核施工单位安全生产费用使用资料(含相关凭证)	安全部门
	审核施工单位安全生产费用明细及计量支付资料	合约部门
	监理单位内部安全生产费用使用资料	安全、综合部门
安全技术措施和专项施工方案审查	审查施工组织设计资料(含相关安全技术措施)	工程部门
	审查各类专项施工方案资料	工程部门
	审查临时用电专项施工方案资料	安全部门
	专控工序安全验收资料	驻地办
安全生产教育培训	安全教育培训计划	安全部门
	内部安全教育记录	各部门
	外部培训考核记录	安全部门

续上表

属类(大类)	内　　容	归档部门
安全生产检查	安全生产定期检查、不定期检查等检查通报及整改回复文件	各部门
	安全日常检查和整改记录	各部门
	事故督促整改治理台账	安全部门
	上级有关部门的安全生产检查通报或整改文件	安全部门
生产安全事故管理	生产安全事故台账及相关报表	安全部门
安全生产应急管理	审批施工单位应急预案资料	安全部门
	审查施工单位应急预案演练记录资料	安全部门
"平安工地"建设评价	"平安工地"建设评价方案及相关要求	安全部门
	监理单位、施工单位建设评价自评表	工程、安全部门
	对施工单位定期评价资料(含评价通知、结果通报及存在问题的整改回复资料)	工程、安全部门
	其他法律法规规定的资料	安全部门

12.2.3 施工单位归档范围及要求见表12-3。

施工单位安全生产内业资料归档范围及要求　　　表12-3

属类(大类)	内　　容	归档部门
安全生产组织机构及人员	安全生产组织机构图、组织机构成立相关文件	安全部门
	管理人员名册、各岗位职责资料	安全部门
	安全生产许可证等资质资料、证书原件或复印件	安全部门
	"三类人员"(含专业分包、劳务合作单位)台账,证书原件或复印件	安全部门
安全生产责任制及考核	本单位安全生产目标	安全部门
	合同段安全生产管理管理策划方案及年度安全生产工作计划、总结等资料	安全部门
	本单位各层级安全生产责任书、员工进场安全生产承诺书	安全部门
	本单位安全生产责任制考核奖惩资料	安全部门
安全生产制度	适用的法律法规汇编等资料	安全部门
	施工单位安全生产制度汇编	安全部门
	各工种、机械设备操作规程	设备物资部门
安全风险评估与预控	各类经济合同(有安全生产内容的),包括与分包或租赁单位签订的分包协议及安全合同等	合约部门
	风险(危险)源识别,重大风险(危险)源登记、监控管理方案等资料(含专项风险评估资料)	工程部门
	岗位安全告知书等资料	工程部门

续上表

属类(大类)	内容	归档部门
安全生产会议	安全例会纪要,以及安全生产其他专项会议纪要	安全部门
	项目负责人带班计划及相关资料	工程部门
安全生产费用	安全生产费用使用计划资料	安全、合约部门
	安全生产费用使用资料(含相关凭证)	财务部门
	安全生产费用明细及计量支付资料	合约部门
安全教育培训	安全教育培训计划	安全部门
	安全教育记录	安全部门
	施工管理人员年度培训考核记录	安全部门
	新入场人员三级安全教育考核记录	安全部门
	专职安全生产管理人员年度培训考核记录	安全部门
	特种作业人员培训考核记录	安全部门
	班组安全活动记录	安全部门
安全方案	施工组织设计(含相关安全技术措施)	工程部门
	各类专项施工方案(超过一定规模危险性较大工程需附专家论证资料)	工程部门
	临时用电专项施工方案交底	工程部门
安全技术交底	安全生产技术交底书及记录	工程部门
	采用新工艺、新技术、新材料的安全交底书及记录	工程部门
安全生产检查(隐患排查治理)	事故隐患排查治理台账	安全部门
	安全生产定期检查、不定期检查等检查记录及整改资料	各部门
	安全日常检查和整改记录	各部门
	施工、安全日志	工程、安全部门
	上级有关部门及建设单位、监理单位等的安全生产检查通报或整改文件	安全部门
人员管理	全员劳动用工登记资料	人事部门
	特种作业人员台账,从业资格证原件或复印件	人事、设备物资部门
	电工巡查记录	设备物资部门
	安全生产责任险、人身意外伤害保险相关资料	人事部门
机械管理设备	施工机械分类管理台账及出厂合格证、检验验收、安装拆除、保养、维修记录等资料	设备物资部门
	特种设备台账及出厂合格证、检验验收、安装拆除、保养、维修记录等资料	设备物资部门
劳动防护用品及消防	安全用品台账	设备物资部门
	领取、更换、报废台账	人事部门
	消防器材台账,消防器材分布图	综合部门

续上表

属类（大类）	内　　容	归档部门
危险品管理	危险品台账	设备物资部门
	领取、使用、位置等资料	安全部门
生产安全事故管理	生产安全事故台账及相关报表	安全部门
应急管理	施工单位综合应急预案	安全部门
	专项应急预案	安全部门
	现场处置方案	安全部门
	应急预案演练记录	安全部门
"平安工地"建设评价	"平安工地"建设活动方案及相关要求	安全部门
	自评表及相关资料	工程、安全部门
	建设单位、监理单位定期评价通知及通报、整改回复资料	安全部门
	专业分包、劳务合作单位安全生产履约评价、奖惩资料	合约部门
	其他法律法规规定的资料	安全部门

注：建设、监理、施工单位安全生产内业资料包括但不限于表12-1～表12-3规定的内容，可根据实际情况，增加类别。

13 评价与改进

13.1 一般规定

13.1.1 建设、监理、施工单位应通过实施施工安全标准化,推进"平安工地"建设。

13.1.2 建设单位应建立以实施施工安全标准化为核心的"平安工地"建设评价制度和标准,依托定期安全检查,开展"平安工地"建设评价。

13.1.3 施工单位是合同段"平安工地"建设评价的自评主体,建设单位是工程项目综合评价的牵头单位。

13.2 评价

13.2.1 施工单位应按照相关标准,保障安全生产条件,按规定开展风险预控和隐患排查,每季度至少组织一次自我评价,及时消除安全管理中的薄弱环节。评价结果及自查自纠情况应及时存档,并于每季度第一个月5日前将上季度自评结果报监理单位复核。

施工单位应参照"平安工地"评价制度和标准,制定专业分包、劳务分包单位安全履约评价制度和标准,定期开展专业分包、劳务分包单位安全履约评价,并在供应商合格性评价中体现安全履约评价结果。

13.2.2 监理单位应将"平安工地"作为安全监理的主要内容,严格执行安全生产检查、巡视和督促整改的要求,每季度复核施工单位自评结果。

监理单位应通过建立扣分标准或设置权重方式,将日常巡视、定期不定期安全生产检查(隐患排查治理)结果纳入"平安工地"建设评价,每季度第一个月15日前将施工单位上季度评价得分报建设单位备案。

13.2.3 建设单位应建立"平安工地"建设评价制度,加强督促检查,每季度或每半年对监理、施工单位进行一次全面评价,实施奖惩。评价结果应及时向负责监管的交通运输主管部门备案。

建设单位应通过建立扣分标准或设置权重方式,将监理复核结果和建设单位定期不定期安全生产检查(隐患排查治理)结果纳入"平安工地"建设评价。建设单位"平安工地"建设评价可通过购买服务方式,委托第三方安全技术管理服务机构开展。

13.3 奖惩

13.3.1 建设单位应将监理、施工单位"平安工地"建设评价结果,与施工合同中的安全奖挂钩,并纳入监理、施工企业信用评价。

13.3.2 发生重伤及以上生产安全责任事故的监理、施工单位,应取消其当季度评优奖励的资格。

13.4 改进

13.4.1 建设、监理、施工单位每年应根据评价结果,对安全生产目标、考核指标、规章制度、操作规程等进行修改完善,并持续改进。

13.4.2 建设、监理、施工单位在发生生产安全责任死亡事故后,应委托第三方对本单位生产安全现状进行全面评价。

附录1 安全生产职责分解指引

附录1.1 建设单位部分岗位安全生产职责分解指引

一、建设单位安全生产委员会职责

1. 统一领导本单位的安全生产工作,每季度组织召开安全生产会议,研究决策本单位安全生产的重大问题。
2. 督促各部门和监理、施工单位落实国家现行有关安全生产法律法规、行业安全生产标准及上级规章制度。
3. 依照有关法律、法规、标准设置职责明确的安全生产管理机构,按要求配备足够的专职安全生产管理人员。
4. 审查工程项目安全生产管理策划方案、批准各项安全生产管理制度及生产安全事故应急预案。
5. 保证本单位及工程项目安全生产投入有效实施。
6. 组织开展本单位年度安全生产考核,定期开展监理、施工单位平安工地建设评价,按照有关制度及合同实施奖惩。
7. 协助上级主管部门进行生产安全事故的调查、分析和处理。
8. 法律、法规规定的其他安全生产职责。

二、项目负责人(法定代表人)安全生产职责

对本单位安全生产管理工作负全面管理责任,是本单位安全生产第一责任人,履行以下安全生产职责:

1. 建立健全本单位安全生产"一岗双责"责任制并督促落实。
2. 组织制订本单位工程项目安全生产管理策划方案、安全生产管理制度及生产安全事故应急预案,并督促实施。
3. 组织制订本单位年度安全生产工作计划、安全生产教育培训计划并组织实施。
4. 每半年至少组织一次工程项目安全生产全面检查,研究分析工程项目安全生产存在的重大问题,采取有效措施,督促施工单位及时消除重大事故隐患。
5. 每年至少组织或参与一次生产安全事故应急演练。
6. 及时、如实报告工程项目生产安全事故,并按照有关应急预案进行响应和处置,参与

或配合事故调查及处理。

7. 法律、法规和政策规定的其他安全生产职责。

三、分管安全生产负责人安全生产职责

对本单位安全生产管理工作的进行综合监管、指导协调,是本单位安全生产直接责任人,履行以下安全生产职责:

1. 指导编制本单位安全生产管理制度及生产安全事故应急预案。
2. 指导制订本单位年度安全生产工作计划、安全生产教育培训计划。
3. 督促监理、施工单位及时落实各项生产安全事故防范、重大风险(危险)源监控、隐患排查整治措施。
4. 在工程项目开工前组织开展监理单位、施工单位安全生产条件核查,每季度至少组织一次工程项目安全生产全面检查,及时研究解决工程项目安全生产管理工作中存在的问题,并向项目负责人报告工程项目安全生产管理工作情况。
5. 每年至少组织或参与一次生产安全事故应急演练。
6. 具体承担建设单位安全生产委员会日常工作。
7. 法律、法规和政策规定的其他安全生产职责。

四、党(总)支部书记安全生产职责

按"党政同责"的要求,对分管范围内的安全生产工作负责,履行以下安全生产职责:

1. 对本单位的安全生产管理工作负有监督、保障的领导责任,充分发挥党组织对安全生产工作的监督及保障作用。
2. 负责把本单位的安全生产工作列入党(总)支部会议的重要议事议程,参加公司重要安全生产会议,研讨重大安全生产、劳动保护问题和安全生产重要措施。
3. 将安全生产工作业绩作为本单位管理人员评先的重要依据。
4. 参与项目生产安全事故调查,主持召开党(总)支部委员会,按照处理权限对本单位生产安全事故责任人进行党纪处分。
5. 法律、法规和政策规定的其他安全生产职责。

五、工会主席的安全生产职责

对分管范围内的安全生产工作负责,履行以下安全生产职责:

1. 指导落实法律赋予从业人员安全生产方面的知情权、参与权、监督权和紧急避险权。
2. 组织员工对本单位的安全生产工作进行民主监督和民主管理,维护员工在安全生产方面的合法权益,处理本单位从业人员关于安全生产、劳动保护方面的投诉或建议。
3. 参与本单位生产安全事故、事件的应急处理、调查、善后等工作,职工因工伤亡事故和其他严重危害职工健康的事故、事件的应急处理、调查、善后等工作。
4. 参与督促检查各职能部门安全生产职责落实情况。

5. 法律、法规和政策规定的其他安全生产职责。

六、总工程师安全生产职责

对分管范围内的安全生产工作负责,履行以下安全生产职责:

1. 负责工程项目的安全生产科技、技术管理。

2. 负责组织检查工程项目设计图纸、专项施工方案、风险评估中施工安全技术保证措施是否完善,并监督施工单位落实。

3. 参与审定工程项目的安全技术规章制度和标准,参加专项施工方案、风险评估等的专家论证会议。

4. 参与工程项目生产安全事故的内部调查,对事故发生的技术原因进行分析、鉴定,并提出改进措施。

5. 督促检查分管职能部门的安全生产职责落实情况。

6. 法律、法规和政策规定的其他安全生产职责。

七、其他分管负责人安全生产职责

对分管范围内的安全工作和所分管部门"一岗双责"责任制的落实工作负领导责任,履行以下安全生产职责:

1. 督促检查其分管职能部门的安全生产职责的落实情况。

2. 督促落实其分管部门的安全生产职责。

3. 配合分管安全生产负责人履行安全生产职责。

4. 督促检查其分管范围的安全生产工作,及时解决和消除其分管范围内安全生产工作存在的问题及事故隐患。

5. 法律、法规和政策规定的其他安全生产职责。

八、安全生产管理部门安全生产职责

(一)部门负责人

1. 参与制定本单位安全生产规章制度和生产安全事故应急预案并具体组织实施;对招标合同中有关的安全生产条款提出建议,参与对监理、施工单位履约情况的检查和处理。

2. 依照有关规定,组织本单位对工程项目开展安全生产检查以及"平安工地"建设评价工作,督促施工单位落实隐患整治措施,并跟踪治理情况。

3. 组织或参与本单位安全生产宣传、教育培训。

4. 协助本单位负责人组织或参与施工生产安全事故应急演练。

5. 参与内部生产安全事故、事件的应急处理、调查及上报工作。

6. 审核和检查安全生产费用的计量、使用。

7. 具体承担总监办安全生产领导小组日常工作。

8. 法律、法规和政策规定的其他安全生产职责。

（二）专职安全生产管理人员

1. 协助编制安全生产管理制度及生产安全事故应急预案，拟订年度安全工作计划。

2. 审查监理单位的安全生产管理制度，审核监理、施工单位上报的安全生产报告、安全生产费用计划、资金落实情况和计量，并检查督促其实施情况。

3. 按规定开展安全生产巡查，对检查发现的事故隐患，提出整改意见并及时报告部门负责人，督促施工单位落实整改，并将检查整改情况记录在案。

4. 组织或参与本单位安全生产教育培训，如实记录安全生产教育培训情况。

5. 组织或参与本单位生产事故应急演练。

6. 法律、法规和政策规定的其他安全生产职责。

九、工程管理部门安全生产职责

（一）部门负责人

1. 负责本单位安全生产技术管理工作，对施工安全技术措施提出指导性意见。

2. 建立健全本部门安全生产责任制，监督检查部门人员的安全履职情况。

3. 协调处理施工现场安全生产问题；定期或不定期组织工程管理员开展施工现场安全生产检查，及时跟踪自查或上级检查发现的问题，督促施工单位落实隐患整改措施。

4. 参与对生产安全事故、事件的应急处理及上报工作。

5. 法律、法规和政策规定的其他安全生产职责。

（二）部门副职（机电、房建、交安工程）

1. 负责监管机电、房建、交安工程施工现场的安全生产管理。

2. 协助部门经理处理现场施工安全生产问题。

3. 负责组织工程管理员进行定期或不定期的安全检查，跟踪自查和上级检查发现的问题，督促施工单位落实隐患整改措施。

4. 参与生产安全事故、事件的应急处理、内部调查及上报工作。

5. 参与本单位机电、房建、交安合同段的安全考核及评比工作。

6. 法律、法规和政策规定的其他安全生产职责。

（三）土建工程管理员

1. 工程管理员是合同段的安全生产直接管理人员，对合同段的安全生产负主要监管责任。

2. 负责所管合同段的安全巡查，重点检查施工方案是否按批复落实、现场是否存在事故隐患，发现问题及时通知施工单位整改，重大问题及时报安全生产管理部门负责人。

3. 督促、跟踪施工单位落实事故隐患的整改，并及时将跟进情况报送专职安全生产管理人员。

4. 负责协调处理合同段施工安全技术问题。

5. 负责审核合同段安全生产费用的计量。

6. 监督监理工程师履行安全生产职责，每月将情况报送安全管理部门。

7. 参与合同段的安全考核及评比工作。
8. 法律、法规和政策规定的其他安全生产职责。

(四)机电、房建、交安工程管理员

1. 工程管理员是合同段的安全生产直接管理人员,对合同段的安全生产负主要监管责任。
2. 负责所管合同段的安全巡查,重点检查施工方案是否按批复落实、现场是否存在事故隐患,发现问题及时通知施工单位整改,重大问题及时报安全生产管理部门负责人。
3. 督促、跟踪施工单位落实事故隐患的整改,并及时将跟进情况报送专职安全生产管理人员。
4. 负责协调处理合同段的施工安全技术问题。
5. 负责审核合同段安全生产费用计量。
6. 监督监理工程师履行安全职责,每月将情况报送安全管理部门。
7. 参与合同段安全考核和评比工作。
8. 法律、法规和政策规定的其他安全生产职责。

十、计划合同部门安全生产职责

部门负责人

1. 参与审查本单位的安全生产资金投入计划。
2. 组织制定招标合同中的安全生产条件及安全生产费用清单,完善招标文件及合同协议的安全生产条款。
3. 组织监理单位、施工单位相关人员进行安全合同条款宣贯。
4. 组织检查监理、施工单位的安全履约情况。
5. 参与划拨、计量、变更项目安全生产费用。
6. 法律、法规和政策规定的其他安全生产职责。

十一、征地拆迁部门安全生产职责

部门负责人

1. 负责监管本项目区域内管线和建筑物拆迁的安全工作;监督落实管线、厂房及其他建筑物拆迁的安全生产措施。
2. 组织监理单位、施工单位相关人员进行涉危管线(高压线、石油天然气管道等)施工的交底。
3. 法律、法规和政策规定的其他安全生产职责。

十二、综合事务部门安全生产职责

部门负责人

1. 负责本单位消防安全、用电安全、交通安全工作。

2. 按照规定购置、发放劳保用品。
3. 负责及时分发上级有关安全生产的文件。
4. 法律、法规和政策规定的其他安全生产职责。

十三、财务部门安全生产职责

部门负责人
1. 负责拨付本单位及工程项目的安全生产费用。
2. 建立安全生产费用的专用台账,组织工程项目安全生产费用财务检查。
3. 保障本单位应急事件处理所需资金,指导监督监理、施工单位做好应急资金保障。
4. 兑现对监理、施工单位的安全生产奖罚。
5. 法律、法规和政策规定的其他安全生产职责。

附录1.2 监理单位部分岗位安全生产职责分解指引

一、安全生产领导小组职责

1. 统一领导总监办的安全生产工作,每季度组织召开安全生产会议,研究决策总监办安全生产的重大问题。
2. 督促各部门和施工单位落实国家有关安全生产法律法规、行业有关的安全生产标准及上级规章制度。
3. 依照有关法律、法规、标准设置职责明确的安全生产管理机构,按要求配备足够的安全监理工程师及安全监理员。
4. 审查监理计划、批准安全监理细则和各项安全生产管理制度。
5. 保证总监办安全生产条件所需资金的投入。
6. 组织开展总监办年度安全生产考核,定期开展施工单位平安工地建设评价,按照有关制度实施奖惩。
7. 协助上级主管部门进行生产安全事故的调查、分析和处理等。
8. 法律、法规规定的其他安全生产职责。

二、总监理工程师安全生产职责

代表监理公司履行合同赋予的权利和义务,全面监督和管理监理合同段的安全生产,是总监办的安全生产第一责任人,履行以下安全生产职责:
1. 建立健全总监办的安全生产"一岗双责"责任制并督促落实。
2. 主持编制监理计划、安全生产管理制度,审批安全监理细则,并督促实施。
3. 组织制订总监办年度安全生产工作计划、安全生产教育培训计划并组织实施。
4. 组织审批施工组织设计、专项施工方案;组织审批施工单位的生产安全事故应急预案、桥梁和隧道等施工安全风险评估报告、重大事故隐患基础清单;组织审批、检查施工单位的安全生产责任体系、安全生产管理制度。

5. 每月度至少组织一次对施工单位的安全生产全面检查,研究分析安全监理工作中存在的重大问题,采取有效措施督促施工单位及时消除重大事故隐患。

6. 签发安全生产暂停施工及恢复施工的监理指令。

7. 参与业主组织的生产安全事故应急演练。

8. 及时、如实报告监理合同段生产安全事故,参与或配合事故调查及处理。

9. 法律、法规和政策规定的其他安全生产职责。

三、副总监理工程师(总监代表)安全生产职责

对总监办安全生产工作进行综合监管、指导协调,是总监办安全生产的直接责任人,履行以下安全生产职责:

1. 指导编制监理计划、安全监理制度。

2. 指导制订本单位年度安全生产工作计划、安全生产教育培训计划,并组织或参与实施。

3. 指导审查施工组织设计、专项施工方案;指导审查施工单位的生产安全事故应急预案、桥梁和隧道等施工安全风险评估报告。

4. 巡视工地,检查施工安全技术措施落实情况,督促施工单位及时落实各项生产安全事故防范、重大风险(危险)源监控、隐患排查整改措施;组织对监理过程发现的事故隐患进行统计、分析,分析隐患产生的原因,形成事故隐患分析表和改进报告。

5. 每月至少组织和参与一次对施工单位的安全生产全面检查,听取安全监理工程师的工作汇报,及时研究解决安全监理工作中存在的问题,并向总监理工程师报告安全监理工作情况。

6. 参与业主组织的生产安全事故应急演练;每年度至少一次参与施工单位组织的生产安全事故应急演练,并指导审查施工单位的生产安全事故应急演练情况。

7. 协调施工单位之间的安全生产工作。

8. 组织承担总监办安全生产领导小组日常工作。

9. 法律、法规和政策规定的其他安全生产职责。

四、安全管理部门安全生产职责

部门负责人(安全监理工程师)

1. 参与编制监理计划、安全监理细则中安全监理工作部分的内容,参与编制安全生产管理制度,并检查督促实施。

2. 组织和参与总监办的安全生产教育培训。

3. 审查施工单位的安全保证体系;审查施工单位的安全生产费用计划;审查施工组织设计中的安全技术措施或专项施工方案是否符合工程建设强制性标准;参与审查应急预案、桥梁和隧道等施工安全风险评估报告;检查施工单位专项施工方案的内部审查手续。

4.巡视工地,检查施工安全技术措施落实情况,检查施工单位安全生产费用的使用情况,督促施工单位安全生产投入的有效实施。发现存在生产安全事故隐患的,督促施工单位限期整改,并建立生产安全事故隐患治理台账;发现存在情况严重的安全事故隐患的,应要求施工单位暂停施工,并及时报告。

5.每月至少参与一次对施工单位的安全生产全面检查,组织监理人员不定期对施工单位的安全生产检查。

6.参与各施工单位的生产事故应急演练,并审查施工单位的生产事故应急演练情况。

7.参与和配合生产安全事故调查和处理。

8.组织编制监理月报中安全监理部分内容。

9.指导和检查监理人员安全责任落实情况,组织对总监办进行安全考核及评比工作,提出奖惩意见。

10.具体承担总监办安全生产领导小组日常工作。

11.法律、法规和政策规定的其他安全生产职责。

五、工程管理部门安全生产职责

部门负责人

1.对施工单位安全生产工作负工程管理和技术管理责任。

2.审查施工组织设计、专项施工方案、作业计划,以质量、技术措施保障施工安全。

3.审查施工单位分项工程安全技术交底。

4.巡视工地,检查施工组织设计、专项施工方案中各项技术、质量、安全保证措施落实情况,对可能危及工程实体安全或存在安全隐患的质量问题,督促施工单位限期整改。

5.参与施工单位安全生产检查、生产安全事故分析和事故调查处理工作,对存在问题提出预防措施。

6.参与总监办组织的安全考核及评比工作。

7.法律、法规和政策规定的其他安全生产职责。

六、综合管理部门安全生产职责

部门负责人

1.负责总监办消防安全、用电安全、交通安全管理工作等。

2.参与总监办内部生产安全事故分析、调查、处理工作,对存在问题提出预防措施。

3.按规定购置消防器材及劳保用品,做好劳保用品发放工作。

4.负责及时分发上级有关安全生产的文件;做好总监办有关安全生产方面文件的分发和催办,督促有关部门及时处理;做好各类安全生产文件的接收、分发登记。

5.法律、法规和政策规定的其他安全生产职责。

七、合同管理部门安全生产职责

部门负责人(合约监理工程师)

1. 负责对施工单位进行履约检查,审核其进场安全人员的资质。
2. 督促施工单位安全生产管理人员到位,发现问题要求其及时整改。
3. 计量施工单位安全生产费用。
4. 法律、法规和政策规定的其他安全生产职责。

八、中心试验室安全生产职责

中心试验室负责人(试验工程师)

1. 负责试验人员岗前安全教育。
2. 督促试验人员按照规程操作。
3. 督促施工单位做好工地试验室安全用电、建立仪器(设备)台账、建立试验台账工作。
4. 法律、法规和政策规定的其他安全生产职责。

九、驻地办安全生产职责

驻地办负责人(驻地监理工程师)

1. 审查施工单位月度安全生产工作总结及计划,并督促其及时上报。
2. 审查施工单位上报的各类施工方案,提出初步审查意见;跟踪检查施工组织设计、专项施工方案各项技术、质量、安全保证措施的落实情况。
3. 组织开展分项工程安全生产条件核查。检查施工单位主要管理人员及安全生产管理人员的到位情况;检查施工单位安全生产管理人员、特种作业人员持证上岗情况;核查特种设备的使用情况。
4. 做好日常安全巡视检查工作,掌握安全生产动态,对存在的问题及安全隐患,要及时提出整改要求,并督促施工单位按期整改落实。
5. 参加施工单位安全技术交底会议。
6. 组织审核、计量施工单位的安全生产费用,核实周转性材料、非实物性的安全生产费用支出,并留有图片、视频等资料作为计量支付的依据。
7. 编制安全监理细则,编制监理月报驻地办安全部份内容,完善安全监理台账,按要求组织编制驻地办的安全内业资料。
8. 法律、法规和政策规定的其他安全生产职责。

十、其他专业监理工程师安全生产职责

1. 负责相应专业范围(桥梁、隧道、路基等专业)的现场安全监理工作。
2. 审查施工单位施工组织设计、专项施工方案中相应专业范围(桥梁、隧道、路基等专业)的安全内容。
3. 参加施工单位相应专业范围(桥梁、隧道、道路等专业)的一、二级安全技术交底。
4. 对施工活动进行全过程控制,检查现场施工方法、施工工序是否按施工方案落实,对专控工序进行验收,对施工中存在的安全隐患及时要求进行整改,督促、落实,并根据情况

及时报告。

5. 督促施工单位进行安全自查工作,参与施工现场的安全生产检查,不定期抽查现场特种作业人员、安全生产管理人员持证上岗情况。

6. 填写监理日志,内容包括施工中有关安全监理工作。

7. 法律、法规和政策规定的其他安全生产职责。

十一、监理员安全生产职责

1. 检查施工单位施工机械、安全设施的使用、运行状况并做好检查记录。

2. 担任旁站工作。对存在安全事故隐患的作业,须立即予以制止、纠正,并向驻地监理工程师汇报。

3. 填写旁站记录,内容包括施工中有关安全监理工作。

4. 法律、法规和政策规定的其他安全生产职责。

十二、安全监理员安全生产职责

1. 检查施工单位安全保证体系运行情况。

2. 对施工单位日常的安全工作进行检查,督促施工单位落实安全生产的规章制度、安全技术措施。发现存在生产安全事故隐患的,及时提出整改要求,并及时报告安全监理工程师。

3. 汇集总监办或驻地办安全监理工作开展情况,填写安全监理日志。

4. 参与编制监理月报中安全监理部分内容,完善安全监理台账,按要求编制安全内业资料。

5. 法律、法规和政策规定的其他安全生产职责。

附录1.3 施工单位部分岗位安全生产职责分解指引

一、施工单位安全生产领导小组职责

1. 统一领导合同段的安全生产工作,定期召开安全生产会议,研究决策本单位安全生产的重大问题。

2. 督促各部门和班组落实国家有关安全生产法律法规、行业有关的安全生产标准及上级规章制度。

3. 依照有关法律、法规、标准设置职责明确的安全生产管理机构,按要求配备足够的专职安全生产管理人员。

4. 批准合同段安全生产组织设计方案、安全管理制度、操作规程及生产事故应急预案。

5. 保证合同段安全生产投入有效实施。

6. 组织开展合同段年度安全生产考核,定期开展合同段平安工地建设评价,按照有关制度实施奖惩。

7. 协助上级主管部门进行生产安全事故调查、分析和处理等。
8. 法律、法规规定的其他安全生产职责。

二、项目经理安全生产职责

全面负责合同段安全生产管理工作,是本合同段的安全生产第一责任人,履行以下安全生产职责:

1. 建立健全合同段安全生产"一岗双责"责任制并督促落实。
2. 组织制订合同段安全生产管理制度、操作规程并指导组织实施。
3. 组织制订合同段安全生产管理策划方案、年度安全生产工作计划、安全生产教育培训计划并组织实施。
4. 组织和参与合同段的安全生产会议,分析合同段安全生产工作形势,提出工作要求。
5. 保证本合同段安全生产投入的有效实施。
6. 定期检查合同段安全生产工作,及时排查治理事故隐患。
7. 组织制订合同段生产安全事故应急预案(含现场处置方案),每年至少组织和参与一次事故应急演练。
8. 及时、如实报告合同段生产安全事故,并按照应急预案进行响应和处置,参与或配合事故调查。
9. 法律、法规和政策规定的其他安全生产职责。

三、党支部书记安全生产职责

按"党政同责"的要求,对分管范围内的安全生产工作负领导责任,履行以下安全生产职责:

1. 对合同段的安全生产管理工作负有监督、保障的领导责任,充分发挥党组织对安全生产工作的监督及保障作用。
2. 负责把合同段的安全生产工作列入党(总)支部会议的重要议事议程,参加公司重要安全生产会议,研讨重大安全生产、劳动保护问题和安全生产重要措施。
3. 掌握合同段从业人员思想动态,解决影响安全生产的各种思想问题;将安全生产工作业绩作为本单位管理人员评先的重要依据。
4. 参与项目生产安全事故调查,主持召开党(总)支部委员会,按照处理权限对本单位生产安全事故责任人进行党纪处分。
5. 法律、法规和政策规定的其他安全生产职责。

四、分管安全副经理安全生产职责

对合同段安全生产工作进行综合监管、指导协调,是合同段安全生产直接责任人,履行以下安全生产职责:

1. 指导制订合同段安全生产管理制度、操作规程及生产安全事故应急预案(含现场处置方案)并监督实施。

2. 指导制订合同段安全生产管理策划方案、年度安全生产工作计划、安全生产专项工作方案。

3. 组织或参与安全生产会议;分析合同段的安全生产形势,及时研究解决安全生产存在问题,并向项目经理报告安全生产工作情况。

4. 每月至少组织一次安全生产检查(隐患排查),及时整治事故隐患,发现重大事故隐患,及时向项目经理报告。

5. 监督检查合同段安全生产责任制落实情况,组织开展合同段年度安全生产考核,定期开展合同段平安工地建设评价,提出奖惩意见。

6. 每半年至少组织和参与一次生产安全事故应急演练。

7. 组织承担合同段安全生产领导小组日常工作。

8. 法律、法规和政策规定的其他安全生产职责。

五、总工程师安全生产职责

对分管范围内的安全生产工作负领导责任,在履行岗位业务工作职能的同时履行以下安全生产职责:

1. 负责合同段安全技术工作,及时解决施工中的安全技术问题。

2. 指导制订合同段安全生产技术管理制度并监督实施。

3. 组织编制合同段实施性施工组织设计及危险性较大工程的专项施工方案,确保施工方案中技术措施合理、安全生产措施得当,并监督方案的实施;组织对专控工序进行自检和监控。

4. 组织实施施工安全技术交底工作。

5. 组织开展合同段的风险(危险)源辨识、评估工作,组织制订重大风险(危险)源的监控管理方案。

6. 组织和参与合同段安全生产检查(隐患排查),及时整治事故隐患。

7. 参与制订合同段的生产安全事故应急预案,指导制订重大风险源专项应急预案,组织或参与生产安全事故应急演练。

8. 督促检查分管职能部门的安全生产职责落实情况。

9. 法律、法规和政策规定的其他安全生产职责。

六、分管设备物资副经理安全生产职责

对分管范围内的安全生产工作负领导责任,在履行岗位业务工作职能的同时履行以下安全生产职责:

1. 负责合同段机械设备安全管理工作。

2. 指导编制机械设备安全管理制度和安全操作规程,并监督实施。

3. 指导职责范围内的专控工序的验收工作。

4.组织检查合同段机械设备、工程车辆的安全运行情况,落实隐患整改,并制定安全防范措施。

5.督促检查分管职能部门的安全生产职责落实情况。

6.法律、法规和政策规定的其他安全生产职责。

七、分管经营副经理安全生产职责

对分管范围内的安全生产工作负领导责任,在履行岗位业务工作职能的同时履行以下安全生产职责:

1.组织审查专业分包、劳务合作单位安全生产条件。
2.组织开展专业分包、劳务合作单位的安全履约检查和评价。
3.督促检查分管职能部门的安全生产职责落实情况。
4.法律、法规和政策规定的其他安全生产职责。

八、安全管理部门安全生产职责

(一)部门负责人

1.组织拟订合同段的安全生产管理制度、操作规程。
2.拟订合同段年度安全工作计划,并组织实施。
3.参与合同段风险(危险源)的识别、评估、控制工作;参与合同段施工组织设计、专项施工方案中安全技术措施的制定工作。
4.组织拟订合同段安全生产费用总体计划、年度计划、月度计划;负责合同段安全生产费用的使用管理工作。
5.组织拟订或参与拟订合同段安全生产教育培训计划,组织实施或参与实施合同段安全生产教育培训。
6.组织和参与合同段安全生产检查,督促相关部门制定整改措施并跟踪整改落实情况。
7.组织各部门拟订合同段重大事故隐患基础清单,结合安全生产检查,做好重大事故隐患管理工作。
8.监督各部门、安全生产管理人员履行安全生产职责,组织安全生产考核,提出奖惩意见。
9.组织开展合同段"平安工地"建设评价,参与专业分包、劳务合作单位安全履约检查、评价。
10.具体承担合同段安全生产领导小组日常工作。
11.法律、法规和政策规定的其他安全生产职责。

(二)专职安全生产管理人员

1.负责施工现场安全生产日常检查并做好检查记录。
2.现场检查施工技术人员组织实施危险性较大工程安全专项施工方案情况。

3. 对作业人员违规违章行为有权予以纠正或查处;对施工现场存在的安全隐患有权责令立即整改;对于发现的重大安全隐患,有义务及时向部门负责人报告。

4. 指导各部门做好合同段安全生产内业资料的记录、收集、归档工作。

5. 法律、法规和政策规定的其他安全生产职责。

九、工程技术部门安全生产职责

（一）部门负责人

1. 拟订合同段安全技术管理制度并组织实施,包括但不限于:施工组织设计、专项施工方案编审批制度、安全技术交底制度、安全风险(危险源)辨识、评估制度。

2. 组织拟订合同段实施性施工组织设计、专项施工方案,确保技术措施合理、安全生产措施得当。

3. 组织开展超过一定规模危险性较大工程第三方复核,组织召开超过一定规模危险性较大工程专家论证会。

4. 组织施工技术、作业人员按经批准的施工方案组织施工,落实施工方案中的安全技术措施。

5. 组织落实职责范围内的专控工序安全验收工作。

6. 组织和参与合同段安全生产检查(隐患排查),落实职责范围内事故隐患的整改。

7. 协助做好工程技术人员的安全生产教育培训工作。

8. 督促部门人员落实安全生产岗位职责,做好安全责任考核及奖惩工作。

9. 法律、法规和政策规定的其他安全生产职责。

（二）施工技术人员

1. 落实合同段安全技术管理制度。

2. 参与拟订合同段实施性施工组织设计、专项施工方案中的安全技术措施。

3. 按批准后的施工方案组织施工,落实施工方案中的安全技术措施。

4. 负责对班组长进行分部分项工程的安全技术交底。

5. 在实施或检查现场施工时,应同时检查现场安全生产措施的有效性、可靠性,及时制止施工过程中发现的作业人员"三违"现象,及时整改落实施工过程存在的安全隐患。

6. 发现险情,应按程序上报,并组织现场人员进行撤离。

7. 法律、法规和政策规定的其他安全生产职责。

十、设备物资部门安全生产职责

部门负责人

1. 拟订大型设备、特种设备、危险化学品等安全管理制度。

2. 拟订公司各类机械设备的安全操作规程,并进行安全技术指导。

3. 组织拟订临时用电、大型机械设备和特种设备的安装等专项施工方案。

4. 开展定期不定期安全生产检查,检查施工现场设备安全,交通安全,危险化学品、材料存放安全等,跟踪落实设备物资安全隐患的整改。

5. 协助做好合同段特种作业人员的培训、复审工作。

6. 负责职责范围内合同段专控工序安全验收工作。

7. 负责应急物资储备、维护工作。

8. 督促部门人员落实安全生产岗位职责,做好安全责任考核及奖惩工作。

9. 法律、法规和政策规定的其他安全生产职责。

十一、经营部门安全生产职责

部门负责人

1. 组织审查分包单位、劳务合作单位的安全生产条件。

2. 与他方签订施工生产合同时,要同时签订安全生产合同,明确各自的安全生产职责。

3. 定期监督检查和考核分包单位、劳务合作单位的安全履约情况,并在供应商合格性评价中体现安全履约评价结果,提出奖罚意见。

4. 组织和参与合同段安全生产检查(隐患排查),跟踪落实职责范围内事故隐患的整改。

5. 督促部门人员落实安全生产岗位职责,做好安全责任考核及奖惩工作。

6. 法律、法规和政策规定的其他安全生产职责。

十二、人力资源部门安全生产职责

部门负责人

1. 组织或参与拟订合同段职业病防治、劳动保护、教育培训、劳动用工管理制度。

2. 组织落实合同段安全生产机构设置、人员配置及岗位津贴的发放。

3. 组织实施合同段劳动用工人员实名制工作。

4. 组织拟订或参与拟订合同段安全生产教育培训计划,组织实施或参与实施合同段安全生产教育培训。

5. 组织落实合同段安全生产"三类人员"及特种作业人员的培训、考核与取证工作,负责劳务合作单位特种作业人员资格的控制与管理工作。

6. 负责合同段日常劳保用品的采购、储存、发放管理。

7. 负责合同段工伤保险、意外伤害险的购买、索赔等工作。

8. 组织和参与合同段安全生产检查(隐患排查),跟踪落实职责范围内事故隐患的整改。

9. 督促部门人员落实安全生产岗位职责,做好安全责任考核及奖惩工作。

10. 法律、法规和政策规定的其他安全生产职责。

十三、质检部门安全生产职责

部门负责人

1. 落实合同段施工组织设计,在检查工程质量的同时,检查安全技术措施是否落实到位。

2. 组织和参与合同段安全生产检查(隐患排查),跟踪落实职责范围内事故隐患的整改。

3. 督促部门人员落实安全生产岗位职责,做好安全责任考核及奖惩工作。

4. 法律、法规和政策规定的其他安全生产职责。

十四、综合事务部安全生产职责

部门负责人

1. 拟订合同段消防安全管理制度和火灾应急预案,并按规定组织演练。

2. 负责合同段的消防安全工作,监督检查劳务供应商驻地的消防安全工作。

3. 组织和参与合同段安全生产检查(隐患排查),跟踪落实职责范围内事故隐患的整改。

4. 督促部门人员落实安全生产岗位职责,做好安全责任考核及奖惩工作。

5. 法律、法规和政策规定的其他安全生产职责。

十五、财务部门安全生产职责

部门负责人

1. 负责合同段安全生产费用的计提和入账管理;负责审核合同段安全生产费用原始单据的合法性、合规性。

2. 负责收付合同段安全生产奖罚,保证奖罚兑现。

3. 组织和参与合同段安全生产检查(隐患排查),跟踪落实职责范围内事故隐患的整改。

4. 督促部门人员落实安全生产岗位职责,做好安全责任考核及奖惩工作。

5. 法律、法规和政策规定的其他安全生产职责。

十六、施工班组安全生产职责

(一)班组长

1. 组织施工作业人员学习和执行各项安全生产规章制度和安全操作规程。

2. 负责实施新员工班组级安全教育。

3. 组织开展班前危险预知,坚持"班前讲安全,班中检查安全,班后总结安全"。

4. 组织班组进行隐患排查,整改事故隐患。

5. 落实班组交接班制,全方面记录交接班情况。

6. 负责向施工作业人员进行班组级安全技术交底。

7. 定期组织开展班组现场处置应急演练。

8. 遇险情时迅速组织施工作业人员撤离,发生事故立即上报,并组织抢救,保护好现场并做好记录。

9.法律、法规和政策规定的其他安全生产职责。

(二)班组安全协管员

1.班前配合班组长对班组内成员进行安全教育,确认施工作业人员是否具备上岗条件。

2.班中进行安全巡查,督促班内施工作业人员严格遵守操作规程,发现事故隐患及时告知班组长,发现紧急情况或违章作业有权要求相关人员停止作业。

3.班后配合班组长对当班作业进行总结,对违章人员进行安全教育。

4.配合班组长开展班组日常安全教育和安全活动。

5.法律、法规和政策规定的其他安全生产职责。

(三)施工作业人员

1.接受岗前安全生产教育及岗位技能培训工作,掌握安全作业标准。

2.遵守安全生产规章制度和本岗位的安全操作规程。

3.每天工作前进行本岗位(场所)的安全生产检查,排查事故隐患,确认安全后方可进行操作。

4.施工过程发现事故隐患或者不安全因素,立即报告班组长。

5.正确使用劳动防护用品,拒绝、劝阻、制止"违章指挥、违规操作、违反劳动纪律"的行为。

6.积极参与施工单位组织的各项安全生产活动及生产安全事故应急演练,掌握事故预防、应急处置及必要的急救办法。

7.发生安全事故时,保护好现场,立即上报施工现场负责人,紧急撤离时,服从现场统一指挥。

8.配合事故调查,如实提供有关情况。

9.法律、法规和政策规定的其他安全生产职责。

附录2 安全生产费用清单

高速公路工程安全生产费用清单编制说明

一、总则

1. 依据《企业安全生产费用提取和使用管理办法》（财企〔2012〕16号）、《公路水运工程安全生产监督管理办法》等安全法规及标准编制。

2. 本清单子目及定义供参考使用，可根据项目的实际需要，增加子目或修改定义。

3. 本清单中的价格及数量由中标人申报，由监理人审核后，报发包人批准。

4. 承包人在工程报价中应包含安全生产费用，该费用总额价为固定报价，本清单总额价应与固定报价一致，且不得作为竞争性报价。

5. 本说明中，由承包人提供的"相关证明"应包括：发票原件（或收据）、工程确认单、工程结算单、机械设备租赁合同、调拨单、任务结算单、影像及其他书面材料等反映安全生产投入的相关证据。

6. 监理人应对承包人上报的安全生产投入的相关证明严格把关，签署审核意见。

7. 承包人安全生产费用必须专款专用，独立核算，不得侵占或者挪用。

8. 发包人应按照合同约定和监理人审核意见支付安全生产费用。

9. 承包人在报价中，总额支付的比例不得超过安全生产费用总额的30%。

10. 本工程量清单的编制要求仅考虑常规公路工程项目，跨江大桥、大跨径悬索桥（斜拉桥）以及大型爆破等特殊工程可参照编制。

11. 其他未尽事宜按合同约定执行或由发包人和承包人协商解决。

二、清单子目定义

102-3-1 设置、完善、改造和维护安全防护设备设施（不含按照"三同时"要求初期投入的安全设施）

1 隧道施工安全设备设施

1-1 隧道洞口门禁系统

定义：用于隧道洞口电子门禁系统和电子安全监控系统所需的设备设施，如人员追踪感应器、门禁、信息LED屏幕、栏杆机等，并含监控室的设施。

1-2 安全预警系统

定义：用于隧道发生险情时，发出声响和安全指示灯等预警设备设施。

1-3 视频远程监控系统

定义:用于24h不间断地对隧道施工全过程进行连续监控的远程监控成像系统设备设施,一般通过高清防爆摄像头、内置存储加远程传输的设备及视频终端设备来实现。

1-4 逃生通道

定义:用于保障逃生通道的钢管,通常使用内径为80cm、壁厚大于6mm的钢管,每节管长为5m。也可以采取其他新材料制作的逃生管道,但必须满足相应的安全性能要求。

1-5 隧道内通信系统

定义:用于隧道内保持通信畅通的设备设施,如移动通信小基站、移动信号延伸系统等。

1-6 危险气体监控设备

定义:用于瓦斯等危险气体浓度监控的设备设施。

1-7 完善、更新、维修施工机械设备安全防护装置

定义:用于完善、更新、维修施工现场各类机械设备的安全防护装置。

2 桥梁施工安全设备设施

2-1 桥面临边防护

定义:采用ϕ20mm以上的钢筋作栏杆柱,ϕ16mm以上的钢筋作横杆,高度1.2m。

2-2 临边防护

定义:现场泥浆池、取土坑等基坑(槽),悬崖,陡坎,作业平台,施工过程中形成的临边等处的临边防护,按租赁费计价。标准构造:建筑钢管搭设,上杆1.2m,下杆居中,栏杆柱间距不大于2m,18cm挡脚板(作业平台用),悬挂密目式安全网,刷红白相间油漆。

2-3 施工围挡

定义:用于施工现场危险作业区警戒或危险部位隔离的各类围挡,可采用隔离栅(高1.8m)、钢丝网(高1.8m)、冲压孔网(高1.8m)、标准防护栏杆等设施。

2-4 安全网

定义:常用安全网,包括过塑钢丝网(丝径1.5~2.0mm、网孔不大于5cm×5cm、1.2m或1.5m高,硬塑)、密目安全网(1.8m×6m)和尼龙平网(3m×6m)。

2-5 爬梯、通道

(1)装配式爬梯

定义:专业厂家生产或加工的装配式爬梯。

(2)自制钢质爬梯

定义:型钢搭设,满足强度、刚度及稳定性要求。宽度不小于0.9m,坡度不应大于1:1,通道临边应设置防护栏杆、密目式安全网,踏步间距不大于0.25m,踏步宽度不小于0.25m,宜采用花纹钢板。

(3)施工斜道、水平通道

定义:人员上下斜道,建筑钢管搭设,宽度不小于1m,坡度不大于1:3,满铺脚手板,定防滑条,栏杆上杆1.2m,下杆居中,栏杆柱间距不大于2m,18cm挡脚板,悬挂密目式安全

网,刷红白相间油漆;跨越中分带等处水平通道,型钢搭设,满足强度、刚度及稳定性要求,宽度不小于1m,满铺脚手板,定防滑条,栏杆上杆1.2m,下杆居中,栏杆柱间距不大于2m,18cm挡脚板,悬挂密目式安全网、红白相间油漆。

(4)脚手板

定义:常用木质脚手板,厚度不小于5cm,宽度不小于30 cm。

2-6 洞口防护

定义:用于现场洞口、坑槽、桩孔等处的安全防护,可用木质盖板、钢质盖板、钢筋网片等材料,必要时应上锁。

2-7 有害气体检测、通风设施

(1)鼓风机

定义:结构物空箱内等场所作业采用的通风设备。

(2)有毒气体探测仪

定义:用于桩孔、污水管道内等处有毒有害气体的检测。

(3)孔内送风装置

定义:人工挖孔桩等孔洞内送风装置。

2-8 预应力防护设施

定义:预应力张拉区域安全防护设施,包括先张法端头防护墙、防护网,后张法防护挡板等。

2-9 完善、更新、维修施工机械设备安全防护装置

定义:用于完善、更新、维修施工现场各类机械设备的安全防护装置。

3 路基路面施工安全设备设施

3-1 路基、便道临边警示及防护

(1)反光立柱(PVC管)

定义:采用PVC管作柱体,柱体上张贴相间的反光膜。

(2)路堑高边坡临边防护

定义:采用ϕ16mm以上的钢筋作栏杆柱,ϕ16mm以上的钢筋作横杆,高度1.2m。

(3)凸面镜(广角镜)

定义:采用ϕ60mm钢管作立柱,高度2.0m。

3-2 路口值守设施

定义:包括标准值班亭、人工手动式上下栏杆等设施。

4 施工现场临时用电系统安全防护设施

4-1 临时用电保护闸具

定义:用于临时用电三级配电两级保护,包括隔离开关、漏电保护器等。

4-2 配电箱

定义:用于用电闸具防雨、防潮、防误操作等安全防护,包括分配电箱和开关箱(含箱内电器安装板)等。

4-3 电焊机二次侧保护装置

定义：用于交流电焊机空载降压保护,包括箱体和箱内闸具。

4-4 现场照明灯具

(1)高压镝灯

定义：用于结构物施工的大面积照明。

(2)铝压铸投光灯

定义：用于结构物施工的局部照明。

(3)晚间照明灯具(进口、国产)

定义：用于路面施工的大面积照明。

(4)安全电压照明灯具

定义：桩孔内、潮湿等场所使用的36V以下的安全电压照明灯具。

4-5 警示灯具

(1)夜间警示灯(太阳能导向箭头灯、爆闪灯、黄闪灯)

定义：用于边通车边施工、路面施工交通转换、道路拼接等施工场所的道路交通警示。

(2)警示红(黄)闪灯、LED警示灯带

定义：用于坑、槽、支架门洞、通航孔等处的夜间警示。

(3)应急逃生指示灯罩

定义：用于隧道内、场地复杂等昏暗现场应急逃生指示。

4-6 中小型用电设备防雨防潮设施

定义：现场临时钢筋、模板加工场所中小型用电设备的防雨防潮设施。

4-7 变压器围护

定义：用于防止非专业电工、动物及其他无关人员进入变配电场所的安全防护围栏,高度不小于1.7m。

4-8 高压安全用具

定义：用于高压、带电作业的安全防护,包括高压绝缘钳、令克棒、登高脚扣、绝缘垫等。

5 交叉作业安全防护设施

5-1 下侧人行通道或作业面防护棚

定义：上下层同时作业时或在上层作业面(点)物体坠落范围内,在下侧人行通道或作业面搭设的防护棚。建筑钢管或型钢搭设,顶板可采用竹胶板(厚1.8cm)或竹篱笆(2层)等材料。

5-2 阻燃安全网(1.8m×6m)

定义：交叉作业使用的阻燃型安全网。

5-3 门洞顶板

定义：跨路支架门洞防物体坠落的顶板,可采用竹胶板、模板或竹篱笆等材料。

5-4 防撞墩

定义:跨路支架门洞处素混凝土防撞墩。

5-5 防撞钢管桩

定义:用于水上施工防船舶或漂浮物碰撞的钢管防撞桩(直径80cm,壁厚8mm),包括打设、拔除费用。

5-6 橡胶减速带

定义:跨路门洞处控制车辆速度的橡胶减速带。

5-7 限高限宽门架

定义:跨路门洞前方控制车辆高度和宽度的限高限宽门架,可采用钢管或型钢搭设,满足强度、刚度及稳定性要求。

5-8 交通维护

定义:因施工需要,由承包人委托公安、海事等部门负责的陆上、水上交通维护。

6 防火、防爆、防尘、防毒、防雷、防台风、防地质灾害等安全防护设施

6-1 消防器材

定义:包括各类手提式灭火器、推车式灭火器、灭火器箱、消防砂池、铁锹等。

6-2 柴油、氧气、乙炔库房防护设施

定义:用于柴油罐、氧气、乙炔防晒的临时库房。

6-3 沥青油库防护围栏

定义:沥青混凝土拌和场用于防烫伤的防护围栏。

6-4 洒水车使用费

定义:用于降低施工现场扬尘的洒水车使用费,购置费用不在此列。

6-5 防雷设施

定义:施工现场起重机、龙门架、脚手架、拌和楼、水泥罐、临时用房等机具设备(构筑物)的防雷装置。

6-6 炸药库房

(1)库房监控

定义:包括防盗报警、可视监控等装置。

(2)库房防护设施

定义:采用砖石砌筑围墙,高度为2.5m。

6-7 防台安全风防护设施

定义:用于施工现场加工棚、拌和楼、料场、预制场、办公宿舍等临时设施,特种设备加固使用的风缆绳、夹轨器等机具设备。

6-8 防地质灾害安全防护设施

定义:用于施工现场因暴雨造成低洼地带积水的抽水机、水泵机等机具设备。

7 其他临时安全防护设施

7-1 标志标牌

定义:施工现场用于禁止、警告、指令、提示、明示、公示、告知、标识、宣传教育等作用的

各类标志标牌,可采用不锈钢、铝合金、薄钢板、合成树脂等材料,包括底板、支撑、基础等构造。

7-2 施工围蔽警示

定义:用于施工现场危险作业区警戒或危险部位隔离的各类围蔽,可采用警戒带、彩钢板(高1.8m)。

7-3 交通安全设施

定义:用于道路拼接施工、跨路施工、边通车边施工、道路交通转换施工等施工环节的各类交通安全设施,包括水马、锥桶、隔离墩、橡胶端头等设施。

7-4 警示设施

(1)反光膜

定义:采用工程级以上等级。

(2)防护彩灯灯带

定义:用于隧道二次衬砌台车、支架门洞等处的边框夜间警示。

102-3-2 配备、维护、保养应急救援器材、设备支出和应急演练支出

1 应急救援器材、设备配备(租赁)

定义:用于人员急救、现场应急等。包括灭火器、消防斧等小型消防器材;急救箱、急救药品、救生衣、救生圈、应急灯具、救援梯、救援绳等小型救生器材与设备。特殊季节或特殊环境下拖轮调遣拖运、警戒船只的租赁费用。

2 应急救援器材、设备的维护、保养

定义:用于各类消防器材、应急设施的维修保养。

3 应急演练

定义:由发包人或承包人依据应急预案,模拟应对突发事件组织的应急救援活动中,应由施工单位分担或由施工单位自行负责的部分或全部费用。

102-3-3 重大风险(危险)源和事故隐患评估、监控和整改支出

1 重大风险(危险)源和事故隐患评估

定义:由发包人、相关行政主管部门组织的,或者承包人委托专业安全评估机构对项目重大风险源、重大事故隐患进行评估所发生的相关费用。

2 重大风险(危险)源和事故隐患监控

定义:对项目重大风险(危险)源和事故隐患进行日常监控所发生的相关费用。施工监控不在此列。

3 重大事故隐患整改

定义:根据发包人、相关行政主管部门或者专业安全评估机构出具的评估报告,对重大事故隐患进行整改所发生的相关费用。

102-3-4 安全生产检查、安全评价、咨询和标准化建设支出

1 日常安全生产检查费

定义:承包人专职安全员日常安全巡查所发生的相关器材使用费,器材的购置费用不

在此列。

2 专项安全生产检查费

定义:承包人聘请专业安全机构或专家对项目安全生产过程中的特殊部位、特殊工艺、特别设备的施工安全生产检查所支付的相关费用。

3 安全巡查车辆使用费

定义:用于安全生产管理人员巡视检查所发生的车辆使用费用,车辆购置费用不在此列。

4 安全评价费

定义:承包人聘请专业安全机构或专家对项目专项施工方案、风险评估进行讨论、论证、评估、评价所支付的相关费用。包括专项施工方案审查、委托的第三方安全验算等,不包括新建、改建、扩建项目安全评价。

5 安全生产咨询、风险评估费

定义:承包人就安全生产工作中存在的问题向相关专业安全机构、咨询单位或专家进行咨询所支付的相关费用。按规定开展施工安全风险评估管理费用。

6 安全生产标准化建设费

定义:承包人按照有关规定或者合同约定开展安全生产方面的标准化建设及信息化建设费用。

102-3-5 配备和更新现场作业人员安全防护用品支出

1 配备和更新现场作业人员安全防护用品

定义:承包人根据有关规定在日常施工中必须配备的安全帽、安全绳(带)、手套、雨鞋、工作服、口罩、防毒面具、防护膏药等安全防护物品的购置及正常损耗进行必要补充所发生的费用。

102-3-6 安全生产宣传、教育培训支出

1 安全生产宣传、教育培训

定义:包括承包人对施工作业人员进行安全技术交底、安全操作规程培训、安全知识教育等支出的课时费;安全报纸、杂志订阅或购置费;安全知识竞赛、技能竞赛、安全专题会议、"零事故"班组等活动费用;安全经验交流、现场观摩等费用;包括制作安全宣传安全标语、条幅、图片、视频等宣传资料制作费等。

102-3-7 安全生产适用的新技术、新标准、新工艺、新装备的推广应用支出

1 安全生产适用的新技术、新标准、新工艺、新装备的推广应用

定义:承包人在本项目推广应用的各类新技术、新标准、新工艺、新装备。

102-3-8 安全设施及特种设备检测检验支出

1 安全设施检测检验

定义:用于各类安全设施检测检验,包括安全带、安全网(3m×6m)、压力表等。

2 特种设备检测检验

定义:用于法定特种设备的检测检验,包括起重机械、压力容器等。

3 扣件检测

定义:承包人依据国家标准《钢管脚手架扣件》(GB 15831—2006)规定对施工现场的扣件进行的抽样检测。

102-3-9 其他与安全生产直接相关的支出

1 办公用品费

定义:承包人为本项目安全生产管理人员配备的计算机、打印机、照相机、摄像机等办公设施购置费。

2 雇工费

定义:对施工现场进出口部位进行交通管制而雇用交通协管人员进行看护所支出的人工费用。

3 安全生产责任保险

定义:承包人按规定购买安全生产责任保险所发生的费用。

4 其他

定义:招投标时不可预见的,在施工过程中经发包人与监理人认可,可在安全生产费用中列支的其他与安全生产直接相关的费用。

三、计量与支付

1. 安全生产费用的计量与支付应采用以现场计量为主,现场计量与总额包干结合的方式。

2. 能够以具体单位数量进行计量的安全生产费用,应采用现场计量、按实支付的方式进行计量与支付。

3. 无法以具体单位数量进行计量,或者采用具体单位数量计量难度较大的安全生产费用,可以采用总额包干、分期支付的方式进行计量与支付,但该部分费用合计应控制在合同安全生产费用总额的30%以内(含30%)。

4. 安全生产费用计量时,由承包人提供相关证明,经监理人现场确认并签字认可。

5. 按实计量和按总额计量的范围依据《安全生产费用清单》(附表2-1)规定的子目确定。

6. 按实计量的安全生产费用,经监理人验收合格后,以承包人实际发生的金额支付。

7. 按总额计量的安全生产费用,监理人发出开工通知后支付总额的10%;工程实施过程中,承包人依据合同要求,编制安全生产费用计量申请表,报监理人审核,批复后按工程计量周期进行等额分期计量支付总额的80%;承包人按规范要求及监理人指示落实各项安全生产措施,工程实物工作量完成后支付剩余10%的费用。

安全生产费用清单

附表 2-1

子目号	子目名称		单位	数量	单价(元)	合计
102-3	安全生产费用					
102-3-1	设置、完善、改造和维护安全防护设施设备支出(不含按照"三同时"要求初期投入的安全设施)					
1	隧道施工安全设备设施					
1-1	隧道洞口门禁系统		套/月			
1-2	安全预警系统		套/月			
1-3	视频远程监控系统		套/月			
1-4	逃生管道		套/月			
1-5	隧道内通信系统		套/月			
1-6	危险气体监控设备		套/月			
1-7	完善、更新、维修施工机械设备安全防护装置		总额			
	…					
2	桥梁施工安全设备设施					
2-1	桥面临边防护		m			
2-2	临边防护		m			
2-3	施工围挡	临边栏杆(标准)	m			
		隔离栅(钢丝网)	m			
		…				
2-4	安全网	密目安全网	张			
		尼龙网	张			
		过塑钢丝网	张			
		…				
2-5	爬梯、通道	装配式爬梯	m			
		自制钢质爬梯	m			
		施工斜道、水平通道	m			
		脚手板	m³			
		…				
2-6	洞口防护	木质盖板	m³			
		钢质钢板	t			
		钢筋网片	m²			
		…				
2-7	有害气体检测、通风设施	鼓风机	台/月			
		有毒气体探测仪	台/月			
		孔内送风装置	台/月			
		…				

续上表

子目号	子目名称		单位	数量	单价(元)	合计
2-8	预应力防护设施	先张法防护设施	处			
		后张法防护设施	套			
		…				
2-9		完善、更新、维修施工机械设备安全防护装置	总额			
		…				
3	路基路面施工安全设备设施					
3-1	路基、便道临边警示及防护	反光立柱(PVC管)	根			
		路堑高边坡临边防护	m			
		凸面镜(广角镜)	个			
3-2		路口值守设施	套			
		…				
4	临时用电系统安全防护设施					
4-1	临时用电保护闸具	隔离开关	个			
		漏电保护器	个			
4-2	配电箱	分配电箱	个			
		开关箱	个			
		…				
4-3		电焊机二次侧保护装置	个			
4-4	现场照明灯具	高压镝灯	个			
		铝压铸投光灯	个			
		晚间照明灯具(进口)	个			
		晚间照明灯具(国产)	个			
		安全电压照明灯具	个			
		…				
4-5	警示灯具	夜间警示灯(太阳能导向箭头)	个			
		夜间警示灯(太阳能爆闪灯)	组			
		夜间警示灯(太阳能黄闪灯)	组			
		警示红(黄)闪灯	个			
		LED警示灯带	m			
		应急逃生指示灯罩	个			
		…				
4-6		中小型用电设备防雨防潮设施	处			
4-7		变压器围护	处			

续上表

子目号	子目名称		单位	数量	单价(元)	合　计
4-8	高压安全用具		套			
	…					
5	交叉作业安全防护设施					
5-1	下侧人行通道或作业面防护棚		m²			
5-2	阻燃安全网(1.8m×6m)		张			
5-3	门洞顶板	竹胶板	m²			
		竹篱笆	m²			
		木板	m³			
		…				
5-4	防撞墩		个			
5-5	防撞钢管桩		m			
5-6	橡胶减速带		m			
5-7	限高限宽门架		处			
5-8	交通维护	水上及陆上交通维护	总额			
		…				
6	防火、防爆、防尘、防毒、防雷、防台风、防地质灾害安全防护设施					
6-1	消防器材	2kgABC	只			
		4kgABC	只			
		灭火器箱(中号)	只			
		25kg推车	台			
		30kg推车	台			
		消防砂池(含铁锹)	处			
		…				
6-2	柴油、氧气、乙炔库房防护设施		处			
6-3	沥青油库防护围栏		m			
6-4	洒水车使用费		辆/月			
6-5	防雷设施		处			
6-6	炸药库房	库房监控	套			
		库房防护设施	处			
		…				
6-7	防台风安全防护设施		总额			
6-8	防地质灾害安全防护设施		总额			
7	其他临时安全防护设施					

续上表

子目号	子目名称		单位	数量	单价(元)	合计
7-1	标志标牌	铝合金板标志标牌	m^2			
		薄钢板标志标牌	m^2			
		合成树脂板标志标牌	m^2			
		…				
7-2	施工围蔽警示	警戒带	m			
		彩钢板	m			
		…				
7-3	交通安全设施	水马	只			
		椎桶	只			
		隔离墩	只			
		橡胶端头	只			
		…				
7-4	警示设施	反光膜	m^3			
		防护彩灯灯带	m			
		…				
	…					
102-3-2	配备、维护、保养应急救援器材、设备支出和应急演练支出					
1	应急救援器材、设备配备（租赁）	救生圈	个			
		救生衣	件			
		救援梯	把			
		救援绳	m			
		消防斧	把			
		应急灯	个			
		急救箱(含常规急救药品用品)	个			
		担架	付			
		编织袋	个			
		…				
2	应急救援器材、设备的维护、保养		总额			
3	应急演练		总额			
	…					
102-3-3	重大风险(危险)源和事故隐患评估、监控和整改支出					
1	重大风险(危险)源和事故隐患评估		总额			
2	重大风险(危险)源监控和事故隐患		总额			

续上表

子目号	子目名称		单位	数量	单价(元)	合　计
3	重大事故隐患整改		总额			
	…					
102-3-4	安全生产检查、安全评价、咨询和标准化建设支出					
1	日常安全生产检查费		总额			
2	专项安全生产检查费		总额			
3	安全巡查车辆使用费		辆/月			
4	安全评价费		总额			
5	安全生产咨询、风险评估费		总额			
6	安全生产标准化建设费		总额			
	…					
102-3-5	配备和更新现场作业人员安全防护用品支出					
1	配备和更新现场作业人员安全防护用品		总额			
	…					
102-3-6	安全生产宣传、教育培训支出					
1	安全生产宣传、教育培训		总额			
	…					
102-3-7	安全生产适用的新技术、新标准、新工艺、新装备的推广应用支出					
1	新技术、新标准、新工艺、新装备的推广应用		总额			
	…					
102-3-8	安全设施及特种设备检测检验支出					
1	安全设施检测检验	安全带	根			
		安全网	张			
		压力表	个			
		…				
2	特种设备检测检验		总额			
3	扣件检测		个			
	…					
102-3-9	其他与安全生产直接相关的支出					
1	办公用品费		总额			
2	雇工费		工日			
3	安全生产责任保险		总额			
4	其他		总额			
	…					

附录3 专控工序验收表

附录3.1

施工栈桥及平台安全验收表

编号：

项目名称			合同段	
施工单位			监理单位	
工程部位			验收时间	
序号	验收项目	验收内容		验收结果
1	资料部分	栈桥和栈桥码头的设计方案审批流程完善		
2	安全防护及警示	栈桥两侧和栈桥码头四周设置不低于1.2m的防护栏杆		
		设置行车限速、防人员触电及落水等安全警示标志及救生器材		
		通航水域搭设的栈桥和栈桥码头需设置防船舶碰撞、航行警示标志		
		上下游设置安全作业警戒区		
3	车辆、人员行走区域	行走区域的面板应满铺，并应与下部构造连接牢固。悬臂板应采取有效的加固措施		
		栈桥行车道两侧宜设置护轮坎		
		长距离栈桥应设置会车、掉头区域，间隔不宜大于500m		
4	用电、照明	栈桥区域的用电应设置总的漏电保护器		
		通过栈桥的电缆应绝缘良好，并应固定在栈桥的一侧		
		横穿栈桥的电缆应进行架空或设置在面板底部		
		应满足施工安全要求的照明设施，应选择防潮、防爆型灯具		
检查意见及签名	施工员			
	设备物资部门负责人			
	安全生产副经理			
	总工程师			
	监理工程师			

说明：施工栈桥及平台安装完毕后在使用前进行验收。

附录 3.2

现浇支架基础安全验收表

编号：

项目名称			合同段	
施工单位			监理单位	
工程部位			验收时间	
序号	验收项目	验收内容		验收结果
1	资料部分	专项施工方案审批符合规范要求		
2	地基处理	软基处理符合设计或审批的施工方案要求		
		回填压实符合设计或审批的施工方案要求		
		承载力经检测符合设计或施工方案要求		
3	基础施工	基础垫层资料、宽度、厚度、压实情况等符合审批的施工方案		
		基础混凝土符合设计或审批的施工方案要求		
		基础宽度大于翼板垂直投影外延线50cm		
		基础坡度纵横向应有不大于5%的坡度、基础面不应有积水现象		
4	基础排水	排水设施基础外缘四周应设置排水沟,不应有积水		
检查意见及签名	施工员			
	设备物资部门负责人			
	安全生产副经理			
	总工程师			
	监理工程师			

说明：现浇支架基础完工后,在支架开始搭设前进行验收。

附录 3.3

现浇支架(满堂式)搭设安全验收表

编号：

项目名称		合同段	
施工单位		监理单位	
工程部位		验收时间	
序号	验收项目	验收内容	验收结果
1	资料部分	专项施工方案审批符合规范要求	
		支架基础已验收合格	
2	钢管、扣件、托座等资料	使用的配件形式、尺寸符合专项施工方案的要求	
		钢管、扣件有试验检测报告,检测结果合格	

续上表

序号	验收项目	验收内容	验收结果
3	立杆基础	立杆应支撑在通长的垫木上,垫板尺寸应符合规范要求	
		立杆底端纵、横扫地杆的设置应符合规范要求	
4	立杆搭设	架体立杆件间距符合专项施工方案要求	
		垂直度符合施工方案要求	
		立杆应设置底座、顶托,可调底座及可调托撑丝杆与调节螺母啮合长度不得少于6扣,插入立杆内的长度不得小于150mm	
5	架体稳定	架体四周与中部应按规范要求设置竖向剪刀撑或专用斜杆	
		架体应按规范要求设置水平剪刀撑或水平斜杆	
		当架体高宽比大于规范规定时,应按规范要求与建筑结构拉结或采取增加架体宽度、设置钢丝绳张拉固定等稳定措施	
6	杆件锁件	架体、水平杆步距符合专项施工方案要求	
		杆件的接长应符合规范要求	
		架体搭设应牢固,杆件节点应按规范要求进行紧固	
检查意见及签名	施工员		
	设备物资部门负责人		
	安全生产副经理		
	总工程师		
	监理工程师		
支架预压	荷载	满足设计及专项施工方案要求,预压资料摆放符合要求	
	监测	做好预压过程的监测,形成报告,单点沉降值及平均沉降值满足要求	
检查意见及签名	施工员		
	测量工程师		
	质检工程师		
	监理工程师		

说明:分预压前及预压后验收。支架搭设完毕,经过验收合格进入预压工序;按要求预压,经验收合格后方可进入质量工序。

附录 3.4

现浇支架(少支架式)搭设安全验收表

编号:

项目名称		合同段	
施工单位		监理单位	
工程部位		验收时间	

序号	验收项目	验收内容	验收结果
1	资料部分	专项施工方案审批符合规范要求	
		支架基础已验收合格	
2	钢管柱	钢管壁厚符合设计要求	
		钢管打入深度符合要求	
		钢管柱底部与基础预埋件连接符合方案要求	
		钢管柱的接长(法兰连接)符合要求	
		钢管柱接长及各构件之间的主要受力焊缝检测符合要求	
		钢管柱的位置及垂直度符合方案要求	
		钢管柱之间的纵、横向连接符合方案要求	
3	桩顶	桩顶分配梁按照专项施工方案安装	
		垫梁与管桩之间连接牢固	
		砂筒与垫梁之间连接牢固	
4	贝雷梁	贝雷梁位置按照专项施工方案要求进行摆设,坡度及高程符合要求	
		贝雷梁之间的连接符合要求	
5	通道及架体防护	供作业人员上下的通道宽度、坡度应符规范要求	
		休息及作业平台、防护栏杆、安全网的设置应符合规范要求	
检查意见及签名	施工员		
	设备物资部门负责人		
	安全生产副经理		
	总工程师		
	监理工程师		
支架预压	荷载	满足设计及专项施工方案要求,预压资料摆放符合要求	
	监测	做好预压过程的监测,形成报告,单点沉降值及平均沉降值满足要求	
检查意见及签名	施工员		
	测量工程师		
	质检工程师		
	监理工程师		

说明:分预压前及预压后验收。支架搭设完毕,经过验收合格进入预压工序;按要求预压,经验收合格后方可进入质量工序。

附录 3.5

整体提升模板(滑模、爬模)安装安全验收表

编号：

项目名称		合同段	
施工单位		监理单位	
安拆单位		型号	
机位数量		验收时间	

序号	验收项目	验收内容	验收结果
1	架体系统	架体各部位连接正常、牢靠；是否有变形现象	
2	模板后移装置	后移可调齿条装置与架体之间连接是否牢固	
		后移装置是否进退自如	
3	附墙装置	附墙装置与导轨和主三脚架的安装情况	
4	爬升装置	上换向盒内的承力块的位置是否正确	
		上、下换向盒内组装件是否转动灵活、定位正确可靠	
5	电气控制和液压升降系统	电控系统是否工作正常、灵敏可靠；接线、电缆接头是否绝缘可靠	
		液压系统是否工作正常可靠、升降平稳，二缸同步误差不超过2%或12mm	
		超载时溢流阀保护，油缸油管破裂时液压锁保护	
		当油缸不同步时可以单独升降某个油缸	
6	防坠、导向防倾装置	防坠装置是否每个机位设置一套防坠装置是否灵敏、可靠、有效；防倾装置的导向间隙是否小于5mm	
检查意见及签名	施工员		
	设备物资部门负责人		
	安全生产副经理		
	总工程师		
	监理工程师		

说明：各个桥墩的整体提升模板系统安装后进行验收；重新拆装进行验收。

附录 3.6

整体提升模板(滑模、爬模)提升前安全验收表

编号：

项目名称			合同段	
施工单位			监理单位	
爬升后高度			模板型号	
爬升区域：		第　　次提升		验收时间

序号	验收项目		验收内容	验收结果
1	天气情况		不得在强风、强雨、大雾、大雪等天气情况下施工	
2	附墙、挂钩支座		与建筑物结构单独连接并连接可靠	
			下层附墙装置已拆除	
			预埋椎体与高强螺栓拧紧	
			螺杆露出螺母3～5扣丝	
3	电力控制系统		漏电保护,错、断相保护,接地装置可靠	
			动力、照明、信号、通信正常	
			电缆线路完好	
4	液压爬升系统	油缸、油管、阀门及油管接头	接头连接可靠	
			无漏油现象	
			油缸在空载作用下调试同步	
			与油缸两端采用销接、销体齐全	
		防坠爬升器	导座数量齐全、调节装置有效	
			防坠爬升器棘爪处于提升状态	
5	导轨		无变形、裂缝等情况	
			无钢筋、铁丝、混凝土污染	
6	架体		无倾斜、变形	
			爬升单元之间的连接需断开	
			防倾调节支腿已退出或松动	
			架体上资料、设备已清除,满足荷载要求	
			所有翻板均处于翻开状态,不影响爬升	
			挂钩锁定销已拔出	
7	承载体		承载体受力处混凝土强度达到设计爬升要求最低强度	
检查意见及签名	施工员			
	设备物资部门负责人			
	安全生产副经理			
	总工程师			
	监理工程师			

说明：整体提升模板每个爬升周期的提升前进行验收。

附录 3.7

整体提升模板(滑模、爬模)提升后安全验收表

编号：

项目名称			合同段	
施工单位			监理单位	
爬升后高度			模板型号	
爬升区域：		第 次提升	验收时间	

序号	验收项目		验收内容	验收结果
1	附墙、挂钩支座		与建筑物结构单独连接并连接可靠	
			下层附墙装置已拆除	
			预埋椎体与高强螺栓拧紧	
			螺杆露出螺母3~5扣丝	
2	电力控制系统		漏电保护、错、断相保护、接地装置可靠	
			动力、照明、信号、通信正常	
			电缆线路完好	
			关闭所有开关,锁定液压位置	
3	液压爬升系统	液压装置	接头连接可靠	
			无漏油现象	
4		防坠爬升器	与油缸两端采用销接、销体齐全	
			导座数量齐全、调节装置有效	
			上下防坠爬升器全部调到爬轨挡位	
5	架体		无倾斜、变形	
			单个架体各构件连接是否牢固	
			防倾调节支腿就位	
			平台限重设备正常	
			所有翻板均处于封闭状态	
			挂钩锁定销就位	
6	钢丝绳		无断股、生锈现象	
			绳卡数量齐全、牢固可靠	
7	安全防护		临边防护牢靠	
			钢板网固定密实牢靠	
检查意见及签名	施工员			
	设备物资部门负责人			
	安全生产副经理			
	总工程师			
	监理工程师			

说明：整体提升模板每个爬升周期的提升后进行验收。

附录 3.8

挂篮安装安全验收表

编号：

项目名称			合同段	
施工单位			监理单位	
工程部位			验收时间	

序号	验收项目	验收内容	验收结果
1	挂篮制作方案及受力构件检测	挂篮设计方案审批符合规范要求	
		关键受力螺栓、角座、吊带进行受力试验，并出具检测报告	
		吊杆、锚杆、吊带、螺栓、连接器符合要求	
		关键受力构件资料、焊缝进行超声波探伤检测	
		主桁架已做整体对拉试验	
		挂篮拼装后通过静载试验	
2	行走系统	前支点处钢枕支垫密实、平整	
		枕木间距符合要求，并采用井字形垫法	
		轨道中心线与设计位置相符，锚固符合设计要求	
		油泵、油缸运行正常	
		轨道前端有安装限位卡	
3	承重系统	主桁与轨道中心线对中	
		后锚锚固数量足够、位置准确、连接器标记正确	
		各连接销已打紧、已上好保险销	
		前后上横梁安全通道、施工平台满足规范要求	
		吊带无变形、损伤现象	
		后锚扁担梁规格符合设计	
4	底篮系统	装修底板平台满足施工安全要求	
		底篮安全过道、安全护栏满足要求	
		底篮与纵梁连接销已打紧、已上好保险销	
		滚轮箱滑动梁有安装限位卡	
5	模板系统	外模、内模无变形现象	
		对拉螺杆有按照设计要求间距布置、规格符合设计	
		外侧模下方的反力梁按照设计规格尺寸	
		翼板承重梁与吊杆连接牢固	
检查意见及签名	施工员		
	设备物资部门负责人		
	安全生产副经理		
	总工程师		
	监理工程师		

说明：挂篮系统安装后进行验收。

附录 3.9

挂篮前移后安全验收表

编号：

项目名称		合同段	
施工单位		监理单位	
工程部位		验收时间	

序号	验收项目	验收内容	验收结果
1	行走系统	前支点处钢枕支垫密实、平整	
		枕木间距符合要求,并采用井字形垫法	
		轨道中心线与设计位置相符,锚固符合设计要求	
		轨道前端有安装限位卡	
2	承重系统	主桁与轨道中心线对中	
		后锚锚固数量足够、位置准确,连接器标记正确	
		各连接销已打紧、已上好保险销	
		前后上横梁安全通道、施工平台满足规范要求	
		吊带无变形、损伤现象	
3	底篮系统	装修底板平台满足施工安全要求	
		底篮安全过道、安全护栏满足要求	
		底篮与纵梁连接销已打紧、已上好保险销	
		滚轮箱滑动梁有安装限位卡	
检查意见及签名	施工员		
	设备物资部门负责人		
	安全生产副经理		
	总工程师		
	监理工程师		

说明：挂篮系统每次前移后进行验收。

附录 3.10

架桥机安全验收表

编号：

项目名称			合同段	
施工单位			监理单位	
施工桥梁(跨)			验收时间	
架桥机	型号		架设梁片形式	额定起重量(t)
	设备编号		架梁最大跨度	最大起重量(t)

序号	验收项目	验收内容	验收结果
1	架桥机结构件	结构件是否有变形、开焊、疲劳裂纹	
		导梁连接高强螺栓是否合格、有无经过检验	
		部件、附件、连接件安装是否齐全可靠,位置是否正确认	
		检查各枕梁面是否保持水平	
		检查各支腿在支撑状态下垂直度	
		检查导梁各支点是否在同一水平面	
		螺栓拧紧力矩是否达到技术要求(抽检频度5%)	
		检查导梁在各节均有支撑状态下的直线度	
		检查两条导梁的中心距是否满足要求	
		钢丝绳规格是否正确、断丝和磨损等是否达到报废标准	
		钢丝绳固定和编插是否符合国家标准	
		滑轮组转动是否灵活、可靠,有无卡塞现象	
		滑轮销、吊带销磨损量是否超限	
		检查吊带有无损伤、裂纹	
3	传动系统	各机构转动是否平稳、有无异常响声	
		各制动器是否灵活可靠、制动轮连接销是否完好	
		起升卷扬机固定是否可靠、齿轮箱有无裂纹	
4	电气系统	检查供电系统电压是否正常	
		检查各电缆、电线有无老化、破损,绝缘是否良好	
		检查各接触器、开关按钮、断电器触点是否良好	
		仪表、警铃系统是否完好、可靠	
		控制、操纵装置动作是否灵活、可靠	
		电气各种安全保护装置是否齐全可靠	
5	液压系统	液压油是否洁净、油量是否充足	
		液压元件是否齐全、压力表是否齐全有效	
		液压管路有否老化、损坏,管件接头是否有渗漏	

附录3　专控工序验收表

续上表

序号	验收项目	验收内容	验收结果
5	液压系统	系统额定压力是否满足技术要求	
		各支腿油缸是否同步,有无内漏	
		导梁纵移油缸是否同步,有无内漏	
		导梁横移油缸是否同步,有无内漏	
		支腿油缸液压锁工作是否可靠	
		各先导电磁溢流阀工作是否可靠	
6	安全限位以及保险装置	导梁与支腿之间是否相对固定(通过销或止块)	
		支腿有无拉缆风绳,缆风绳是否合适	
		起升机构限位装置是否灵敏可靠	
		小车横移限位装置是否灵敏可靠	
		小车纵移限位装置是否灵敏可靠	
		支腿纵移限位装置是否灵敏可靠	
		导梁纵移限位装置是否灵敏可靠	
		导梁横移限位装置是否灵敏可靠	
		各连接销的保险销是否齐全有效	
7	其他	枕梁及分配梁支撑处地基是否满足受力要求	
		枕梁及分配梁支撑点是否合理	
		前支腿支撑垫枕是否符合要求	
检查意见及签名	施工员		
	设备物资部门负责人		
	安全生产副经理		
	总工程师		
	监理工程师		

说明:在不同的桥梁上重新安装、过孔后,需进行验收。

附录 3.11

塔式起重机固定基础安全验收表

编号：

项目名称			合同段	
施工单位			监理单位	
塔吊型号			验收时间	
序号	验收项目	验收内容	验收结果	
1	资料	基础地基承载力报告		
2	承台基础	无桩基础，地基承载力应满足说明书要求		
		桩基础，桩径、桩长和桩间距符合设计要求		
3	地脚安装	地脚或地脚螺栓按图纸要求进行安装，尺寸准确		
4	承台尺寸	基础承台尺寸及平整度符合要求		
5	基础环境	基础与周围基坑、塔吊与周边高压电线之间距离满足规范要求		
		基础无积水，有排水设施；无杂物		
检查意见及签名	施工员			
	设备物资部门负责人			
	安全生产副经理			
	总工程师			
	监理工程师			

说明：塔式起重机基础完工后，在安装塔身前进行验收。

附录4 内业资料归档用表

附录4.1

安全生产内业资料的编号

安全生产内业资料代码统一用英文字母 AQ 表示;归档编号:由 AQ—单位代码—归档属类—归档年度—卷号组成。编号示例如下:

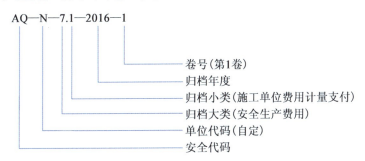

注:单位代码由各单位自定。归档属类中的归档小类由各单位根据实际情况确定,也可不设归档小类。

附录4.2

安全生产内业资料卷内目录

_____卷内目录

序号	资料名称	页码

附录 4.3

安全生产内业资料卷内封面

分类号	年度	编号

安全生产内业资料

填写归档属类名称

建档时间　　　　　年　月　日

附录 4.4

安全生产资料卷内封底

卷内备考表

本卷情况说明：

立卷人：　年　月　日
审查人：　年　月　日

附录 4.5

安全生产内业资料盒背脊样式

```
┌─────────────┐
│             │
│  填        │
│  写        │
│  归        │
│  档        │
│  属        │
│  类        │
│  名        │
│  称        │
│             │
│ 填写归档编号 │
│(已归档的需填写)│
└─────────────┘
```

说明:

1. 背脊尺寸:长为 18.5cm,宽一般不超过 7cm。
2. 底色为白底。
3. 上方为本单位或上级主管单位的彩色标志。
4. 中间为归档属类名称(黑色、黑体)。
5. 下方为归档编号:AQ—单位代码—归档属类—归档年度—卷号组成(黑色、黑体)。
6. 每一个归档名称可设多个文件盒,按顺序编排。